Schirner Verlag

Susanne Hühn

Und wo bleib ich?

Selbstliebe und Selbstfürsorge für Angehörige von Depressiven

Schirner Verlag

ISBN 978-3-8434-1194-3

Susanne Hühn:
Und wo bleib ich?
Selbstliebe und Selbstfürsorge
für Angehörige von Depressiven

Umschlag: Murat Karaçay, Schirner,
unter Verwendung von # 108414146
(FWStudio), www.shutterstock.com
Lektorat & Satz: Claudia Simon, Schirner,
unter Verwendung von # 278742479 (O.ta),
278612405 (O.ta), www.shutterstock.com
Printed by: Ren Medien GmbH, Germany

www.schirner.com

1. Auflage September 2015

Inhalt

Vorwort

Liebe Leserin, lieber Leser, dieses Buch schreibe ich ausdrücklich für Angehörige von Depressiven, nicht für Menschen mit Depressionen. Mit einer Ausnahme: Hast du ein depressives Kind, zeige ich dir, wie du das Innere Kind deines Kindes hüten und nähren kannst. Warum? Weil ich weiß, wie unendlich groß die Sehnsucht ist, etwas für das eigene Kind tun zu können. Es ist ein Angebot, kein Auftrag, und natürlich kannst du diese Methode auch anwenden, wenn dein Kind nicht depressiv, sondern einfach bedürftig ist. Auch bei Tieren funktioniert das hervorragend.

Es geht in diesem Buch aber weder um Heilmethoden noch um die Krankheit an sich, sondern ich will dir sehr ehrlich und aus eigener Erfahrung zeigen, was eine Depression für das familiäre Umfeld des Betroffenen bedeutet. Ich werde dir nicht zeigen, wie du mit dem Depressiven selbst besser umgehen kannst, dazu gibt es bereits viel Literatur. Hier geht es nur um dich und darum, nicht selbst krank zu werden.

Eine Depression ist wie ein Krake, sie zieht energetisch alles mit sich in die Tiefe. Hältst du dich zu lange ungeschützt im Einflussbereich dieser Krankheit auf, dann entzieht sie dir genauso die Lebensenergie wie dem Erkrankten selbst. Depression ist auf eine Weise ansteckend, das spürst du am eigenen Leib, wenn du mit einem Erkrankten lebst. Sie ist wie ein schwarzes Loch, das jedes Licht in sich aufsaugt und Schwärze verursacht. Das ist unwissenschaftlich, ja, aber so ist es eben, ich weiß das, du weißt das. Bestimmt schreibe ich in diesem Buch einiges, das den Depressiven oder auch seinen Arzt verärgern oder verletzen würde, das nehme ich in Kauf. Denn hier geht es um uns, um diejenigen, die den Eiertanz um diese Krankheit herum aufführen. Ich möchte, dass DU endlich gesehen wirst. Ich werde mich dir sehr persönlich zeigen, damit du siehst, dass du nicht allein bist. Vielleicht machst du ähnliche Erfahrungen wie ich, vielleicht ganz andere. Sei sicher, eines haben wir gemeinsam: Wir sind der Krankheit unserer Liebsten gegenüber ohnmächtig. »Warum ist dieses Buch ausdrücklich für Angehörige von Depressiven«, fragte mich mein Verleger, »kannst du nicht etwas für alle schreiben, die chronisch oder schwer erkrankte Menschen in ihrer nahen Umgebung haben?« Nein. Weil ich mich nur mit Depressionen auskenne. Wenn du etwas von dem, was ich schreibe, für dich nutzen kannst, auch wenn dein Angehöriger an einer anderen Krankheit leidet, umso besser, das freut mich sehr. Eine Depression hat ganz spezielle Aspekte, die sich nicht verallgemeinern lassen. Umso besser, wenn dieses Buch dennoch vielen Menschen dient.

Zunächst dennoch ein paar Worte an einen Erkrankten, ich schreibe das für euch alle, auch wenn ich einen besonderen Menschen meine (allerdings niemanden, den du durch meine Arbeit kennst oder der sichtbar in meinem Umfeld ist!):

»Du hast mein vollstes Mitgefühl. Ich sehe deinen Schmerz, und ich erkenne meine Machtlosigkeit dieser Krankheit gegenüber an, so weh diese Ohnmacht auch tut. Ich kann nicht im Ansatz ermessen, wie schmerzlich es ist, in ständiger emotionaler Dunkelheit und Hoffnungslosigkeit zu leben. Ich achte dein Schicksal, ich bin bei dir, ich halte dir den Raum, damit dein Inneres Kind genährt wird. Ich tue alles für dich, was du nicht selbst für dich tun kannst, und ich bin bei dir, wenn du mich brauchst. Brauchst du deine Ruhe, dann halte ich dir den Raum und ziehe mich zurück. Ich koche dir um elf Uhr nachts Suppe, wenn du weinst, und ich rufe für dich an, wenn du Angst hast, zum Telefonhörer zu greifen. Ich bin bei dir, weil ich dich liebe und weil mich deine Krankheit Mitgefühl und Achtsamkeit lehrt. Deine Krankheit berührt mich mehr, als ich es dir jemals zeigen kann und auch als ich es dir zeigen darf und sollte. Ich verneige mich tief vor deiner inneren Dunkelheit, und ich habe längst aufgehört zu glauben, dass, wenn ich dir nur lange genug das Licht zeige, du es sehen wirst. Ich weiß, dass du es sehen willst. Ich weiß, dass du die Rosen riechen und dich daran erfreuen willst, doch ich habe verstanden, dass dich deine Krankheit daran hindert, den Rosenduft mehr als einen flüchtigen Moment lang wahrzunehmen. Ich habe verstanden, dass ich dir nicht helfen kann. Deine Krankheit zwingt mich, mich mit meiner Ohnmacht auseinanderzusetzen und das zu tun, was möglich ist, aber nicht mehr. Sie zwingt mich zu lernen, gut für mich zu sorgen, auch wenn es dir schlecht geht. Sie zwingt mich, das Mitleid hinter mir zu lassen und ins echte Mitgefühl zu wechseln. Sie zwingt mich, mein Wohlergehen manchmal über deines zu stellen, obwohl ich dich so sehr liebe und es mir das Herz bricht. Deine Krankheit zwingt mich, Grenzen anzuerkennen und mich vor deinem Schicksal zu verneigen, wenn ich nicht helfen kann. Ich sehe dich, so gut ich es mit meinen Augen und meinem Herzen kann. Und dennoch muss ich dir manchmal fernbleiben, damit es mich nicht mit in die Dunkelheit zieht. Deine Krankheit macht mich rasend vor Wut, die ich vor dir verberge, um dich nicht noch unglücklicher zu machen, als du es sowieso schon bist. Ich hadere mit Gott, dem Leben und allen Engeln, und doch kann ich nur immer wieder demütig mein Haupt senken und das für dich tun, was du nicht selbst für dich tun kannst. Ich höre auf zu hinterfragen, was sich Gott, das Leben oder deine Seele wohl dabei gedacht hat, als sie dir diese Krankheit schickte, und beginne anzuerkennen, dass ich sie auch durch Schuldzuweisungen nicht ändern kann. Ich habe nur eine Wahl: zu lernen, in Frieden mit dem zu kommen, was ist, wenn ich nicht verzweifeln will.«

Könnten diese Worte von dir sein? Dann begleite mich ein wenig. Denn es wird Zeit, dass wir lernen, gut für uns selbst zu sorgen. Ich schreibe dieses Buch, weil mir während eines wunderschönen Urlaubs klar wurde, wie unermesslich viel Macht die Depression auch über mich hat, wenn ich es erlaube. Und wie schmal der Grat zwischen liebevoller Fürsorge und kontrollierender Co-Abhängigkeit ist.

Ich stand am Meer, die Wellen donnerten gegen einen Felsen, und alles war perfekt, als mich auf einmal ein Gefühl überkam, das mich fast umwarf: Schuld. Wie konnte ich so unbeschwert diese pure Lebenskraft genießen, wenn es doch einem meiner liebsten Menschen schlecht ging? Ich weiß, dass das Unsinn ist, es nützt gar nichts, wenn ich mich selbst in die Schwere begebe, zumal ich mit meinen eigenen

Themen lange Zeit genug zu tun hatte. Gerade deshalb kam das Gefühl so überraschend. Ich lebe nun schon sehr lange Zeit mit einem depressiven Angehörigen zusammen und bin darin geübt, auf mich aufzupassen. Doch auf der Stelle kam der Gedanke: Schreibe darüber. Das, was du erlebst, ist Standard. Und nur wenige reden darüber, aus Sorge, ihren Angehörigen zu verärgern.

Deshalb noch einmal meine Bitte: Lies das Buch nicht, wenn du selbst von der Depression betroffen bist. Denn ich will hier ganz und gar offen sein, auch ungerecht, wenn nötig. Es ist nicht für dich. Es ist für uns, die Angehörigen. Wir haben unseren eigenen Schmerz, der dich aber nicht zu belasten braucht, außer, du willst verstehen, wie es deinem Angehörigen geht. Beziehe das, was ich für Angehörige schreibe, bitte nicht auf dich. Danke.

Zum Buch: Ich bin Therapeutin. Ich arbeite zumeist mit sehr kleinen Gruppen oder mit einzelnen Menschen, ich arbeite zudem mit meinem Mann zusammen, der Schamane ist. Unsere Seminare sind eher Gruppen-Heilsitzungen als Workshops. Was heißt das? In diesem Buch findest du keine Entspannungsübungen oder angenehmen Meditationen. Die Übungen kannst du vielmehr als tief greifende Therapiesitzungen für dich ansehen, denn das sind sie. Lies sie dir also bitte immer erst einmal durch, bevor du dich auf eine innere Reise einlässt, denn sie können etwas in dir auslösen. Ich weiß natürlich, dass es für viele schwierig ist, eine derartige Übung durch Lesen nachzuvollziehen. Das schreibe ich dir, damit du weißt, worauf du dich einlässt – oder sagen wir, wozu ich dich einlade: zu ernsthafter innerer Arbeit. Doch ich bin sicher, dass das auch das ist, was du für dich suchst. Es gibt eher psychologisch orientierte, aber auch sehr spirituelle Angebote. Suche dir bitte die heraus, die dir dienlich sind. Ich schreibe dieses Buch nicht nur für dich (auch wenn du mir als Leser sehr wichtig bist), sondern für sehr viele Menschen und mithilfe sehr vieler geistiger Impulse. Deshalb stehen bestimmt auch Übungen darin, die dir gar nicht dienen, die du sogar albern findest. Betrachte dieses Buch wie ein Büffet: Du nimmst dir das, was dir schmeckt und was dich gut sättigt. Das andere lässt du einfach für diejenigen stehen, denen es hilft. Können wir uns darauf einigen? Es wäre schade, wenn du gar nichts von mir annehmen würdest, nur weil nicht alles stimmig für dich ist – wenn eines der Werkzeuge für dich passt, dann hast du doch schon einen Gewinn erzielt. Schau, da hinten in der Ecke, den veganen Kartoffelsalat – den habe ich nur für dich gemacht. Alles andere lasse einfach stehen.

Worum geht es eigentlich?

Nun also zu uns Betroffenen. Ich bitte dich als Angehöriger: Nimm dir das, was für dich stimmig ist, lasse den Rest liegen. Ich denke, wir teilen das gleiche Schicksal. Wir sind konfrontiert mit existenzieller Ohnmacht, die wir entweder wahrhaben wollen oder eben nicht. Und wir sind versucht, uns selbst aufzugeben, uns in die Dunkelheit hineinziehen zu lassen, aus lauter Verzweiflung darüber, dass wir dem geliebten Menschen nicht helfen können. Wir sind wütend auf die Krankheit und manchmal auch auf den Kranken selbst.

Wenn du mit einem (nicht behandelten) Depressiven lebst, dann bedeutet das:

- Du weißt morgens nie, ob es ein guter Tag für die Familie wird oder nicht.
- Du weißt nicht immer, ob er oder sie noch lebt, wenn du nach Hause kommst.
- Du hältst deine eigenen Bedürfnisse und Gefühle weitgehend unter Verschluss, um den anderen nicht zu belasten.
- Du hast keinen oder nur sehr wenig Sex, wenn dein Partner depressiv ist.
- Ihr seid am schönsten Ort der Welt, und der Depressive steigt nicht einmal aus dem Auto, um den Wind und die Wellen zu spüren.
- Du tust alles, um sein oder ihr Leben schön zu machen, und scheiterst.

- Manchmal nötigst du deinen Angehörigen, endlich einmal etwas für sich zu tun, etwas Bestimmtes zu essen, zu lesen, zum Arzt zu gehen oder sich ein Hobby zuzulegen.
- Vielleicht kaufst du einen Hund, »damit er mal rauskommt«.
- Deine eigene Freude wird immer von einem Schatten überdeckt oder dauert nicht sehr lang an.
- Du bist oft wütend, weil du dich so hilflos fühlst.
- Du fühlst dich auf völlig verdrehte Weise verantwortlich für den Zustand des Kranken.
- Du denkst daran, einfach zu gehen, ihn zu verlassen, aber du tust es nicht.
- Du haderst mit deinem eigenen Schicksal.
- Du verhandelst mit Gott.
- Du versuchst, deinem Angehörigen sehr viel von seinen Belastungen abzunehmen, doch es nützt nichts.
- Du hast Angst, ihm schlechte Nachrichten zu überbringen.
- Du teilst nur sehr selten die wirklich schönen Momente mit ihm.
- Du versuchst, die schmerzlichen Momente allein durchzustehen.
- Deine Freunde und deine Familie verstehen nicht, was du durchmachst und schon gar nicht, warum.
- Du hast ein schlechtes Gewissen, wenn es dir gut geht.
- Du bist oft einsam, obwohl ihr im selben Raum seid.
- Du fühlst dich ständig hilflos, machtlos und voller Groll auf das Schicksal.
- Du tust sehr viel für den Kranken, machst tausend Vorschläge, munterst ihn auf, kochst, pflanzt Blumen,

massierst, pflegst, fährst an schöne Orte, von Heiler zu Heiler oder was auch immer – und scheiterst.

- Du gibst Unsummen für Hilfsmittel für den anderen aus, kaufst Aura-Soma-Produkte, Vitamine, Bücher und was nicht alles. Umsonst.
- Dein Angehöriger ist manchmal sehr abhängig von dir, braucht dich wie die Luft zum Atmen, dann wieder ist er abweisend und in sich gekehrt. Du weißt nie, ob du heute wichtig und erwünscht bist oder abgewiesen wirst.
- Es kann sein, dass du dich sehr kontrolliert fühlst, weil dich der Kranke so sehr braucht.
- Es kann sogar sein, das er dir einzureden versucht, dass das, was du für dich selbst tust, unnütz und unnötig sei.
- Möglicherweise versucht dein Angehöriger, dir deine gesunden Bedürfnisse auszureden, weil sie ihm in seiner Krankheit bedrohlich erscheinen.
- Und vielleicht glaubst du ihm sogar ...
- Du erlebst seine Hoffnung auf Besserung und erst recht seine Enttäuschung, wenn es ihm doch wieder schlechter geht, deutlicher als deine eigenen Gefühle.
- Du kannst immer weniger zwischen deinen und seinen Gefühlen unterscheiden, bis du irgendwann gar nicht mehr weißt, was du selbst eigentlich fühlst und willst.
- Die emotionale Erlebniswelt des Kranken ist wie ein schwarzes Loch, das alle Freude in sich aufsaugt, auch deine.
- Du musst wahrscheinlich damit leben, dass dein Angehöriger mit Selbstmordgedanken schwanger geht.
- Du hast das Gefühl, mit einer tickenden Zeitbombe zu leben, von der du nicht weißt, wann und in welcher

Intensität sie explodieren und wie groß der Schaden sein wird.

- Du bist ständig auf der Hut und schaust nach Symptomen, bist mit deiner Aufmerksamkeit viel mehr beim Erkrankten als bei dir selbst.
- Du bist so damit beschäftigt, für deinen Angehörigen zu sorgen, dass du gar nichts mehr mit dir selbst anzufangen weißt, auch wenn du dich nach freier Zeit sehnst.
- Du zündest in verschiedenen Kirchen Kerzen für die Genesung deines Partners an, auch wenn du Kirchen gar nicht magst.
- Du kannst nachts nicht schlafen, weil du dir ständig Sorgen um deinen Angehörigen machst. Tagsüber überforderst du dich selbst, weil du deinen Angehörigen nicht um Hilfe bitten möchtest, da er deiner Meinung nach nicht überfordert werden sollte und viel Ruhe braucht.

Ich habe diese Liste bei Facebook veröffentlicht, damit ihr sie ergänzt, hier sind die Texte von Betroffenen:

»Du hast Angst, ihn zu kritisieren, weil du glaubst, er hält es nicht aus und tut sich selbst etwas an. Du wirst selbst sehr müde und schwer. Wenn du ein paar Tage nicht in seiner Nähe bist, fühlst du dich leicht und frei, aber schon alleine Gedanken an ihn machen dich müde. Du möchtest dich anlehnen und fällst ins Leere. Du fragst dich, warum die Depression in dein Leben gekommen ist. Du siehst einen grauen Schleier um deinen Liebsten. Und du hast Angst, was mit ihm passiert, wer er ist, wer du bist, was mit dir passiert und wer ihr als Paar seid, wenn sich die Depression verabschiedet.«

»… die Wut hast du ja schon angesprochen, Susanne, aber in einer Weise, die mir noch zu zahm erscheint. Da gibt es Zorn, granatenmäßigen Zorn, und darunter tiefe Traurigkeit über die Abzocke von Lebensenergie, die ja auch stattgefunden hat … und dann wieder tiefes Mitgefühl für diese Seele, die diesen schweren Weg so geht, immer wieder auch Momente des tiefen Erkennens der Schönheit und des Mutes eben dieser Seele … und dann auch die eigene Müdigkeit nach so vielen Jahren des Zusammenlebens und das allmähliche Schwinden der Hoffnung auf Besserung … und schließlich das Begreifen, was das alles mit einem selbst zu tun hat, und damit einhergehend die Öffnung der inneren und (bei mir war das so) auch der äußeren Tür zur Sonnenseite des Lebens.«

»… ich finde es noch wichtig, zu erwähnen, dass man in ›Akut-Phasen‹ erniedrigt und beleidigt wird und es hinnimmt – egal, wie sehr es verletzt!«

»… er ruft dich, du kommst, er schläft wie ein Stein – du fragst dich verärgert, was du eigentlich hier tust – und bleibst trotzdem … du fragst dich, was zu tun ist, wenn er Gedanken an Selbstmord ausspricht, und es kostet dich sooo viel Kraft und innere Wärme, in seiner Nähe zu sein, doch du siehst in ihm auch den bedürftigen, schwachen Menschen …«

»Du hast das Gefühl, dass alles an dir alleine hängt, dein eigener Rucksack immer schwerer wird ...«

»Die schlechte Stimmung der Person zieht alle hinein, zieht sehr viel Aufmerksamkeit, ist sehr machtvoll. Das ewige ›Ja, aber‹ saugt ebenfalls Energie. Die Resonanzlosigkeit auf Liebe frustriert. Die Depression als einzige Antwort auf mich macht es mir schwer, mich selbst als liebenswerten, wertvollen Menschen wahrzunehmen. Als Kind habe ich mich sehr oft schuldig gefühlt, weil die Depression meiner Mutter gepaart war mit einem stummen Vorwurf, dass niemand ihr Leben schön macht. Die Depression bringt eine Selbstverantwortungslosigkeit des Erkrankten mit sich, die dann als ›Ihr seid für mich und mein Wohlergehen verantwortlich‹ im Raum schwebt. Sich dieser unbewusst zugeschobenen Verantwortung zu entziehen ist schwer.«

So weit die Zitate.

Egal, wie sich die Depression deines Liebsten äußert, sie beeinträchtigt dein Leben sehr. Diese Depression kann ganz unterschiedliche Symptome und Auswirkungen haben, immer aber kostet sie alle Beteiligten sehr viel Energie. Sorge, Trauer und Wut wechseln sich ab, und vielleicht wirst du gar süchtig nach etwas, um den inneren Druck auszuhalten. Du isst und arbeitest zu viel oder zu wenig, rauchst, grübelst, lenkst dich ab. Du versuchst vergeblich, die unermesslich schweren Lasten des Kranken zu tragen, wechselst in die Mutter- oder Vaterrolle, auch wenn du Partner oder gar Kind bist. Eventuell erlaubst du dir einen

Seitensprung, um dich wieder einmal lebendig zu fühlen, dann hast du noch mehr Schuldgefühle.

Lieber Leser, lieber Weggefährte, wenn das alles stimmt, dann bist du genauso in Not wie dein Angehöriger. Und auch du brauchst Hilfe, bitte erkenne das an!

Es kann sein, dass sich in dein Verhalten dir selbst gegenüber wenig liebevolle Angewohnheiten eingeschlichen haben. Womöglich vernachlässigst du dich selbst, weil du so beschäftigt, so traurig und müde, so tief hoffnungslos bist. Möglicherweise hast du ein Suchtverhalten entwickelt, das wäre sehr verständlich, hilft aber niemandem. Durch die ewig negative Resonanz mit dem anderen weißt du vielleicht gar nicht mehr, dass du ein liebenswertes, wertvolles und wunderschönes, strahlendes Wesen bist. Du hast dich so sehr aufgeopfert und fühlst dich so sehr gescheitert, vielleicht hast du jedes Gefühl und Bewusstsein für deinen Selbstwert verloren.

Übung: To-do-Liste für mehr Selbstfürsorge

Ich bin auf einem guten Weg zu mir und Selbstfürsorge.

Ich bitte dich, schreibe dir auf, auf welche Weise du nicht mehr gut für dich sorgst. Du kochst vielleicht nicht mehr richtig, gehst kaum noch tanzen, triffst dich nicht mehr mit Freunden, belegst keine Kurse und hast vielleicht sogar ein schlechtes Gewissen, nur weil du dieses Buch liest. Du vernachlässigst deine eigenen lebendigen Projekte, stellst das Schreiben deines Buches zurück, verwirklichst eben nicht deinen Traum von diesem kleinen, kuscheligen Laden, in dem du Dinge anbietest, die das Leben schöner machen, du

praktizierst deine Yogaübungen und Meditationen nicht. Kino ist gestrichen, und wann hast du das letzte Mal aus vollem Herzen gelacht?
Vielleicht habt ihr sehr wenig Geld, oder die Wohnung ist trist und düster geworden. Möglicherweise stimmt das alles nicht, aber du bist dermaßen erschöpft dadurch, all die Lebenskraft allein aufbringen zu müssen, dass du am liebsten drei Wochen schlafen würdest.
Schreibe also diese Liste, und sei ehrlich. Und ja, du wirst sicherlich traurig, das wird auch Zeit. Denn bestimmt bist du Meister oder Meisterin darin, deine eigenen Bedürfnisse zu verleugnen, zu beschwichtigen und abzuwerten. Damit du die Verantwortung für dein Wohlbefinden in deine eigenen Hände nehmen kannst, brauchst du eine innere Bestandsaufnahme. Denn diese Inventur schafft ein Bewusstsein dafür, wie sehr du dir selbst schadest.
Du weißt selbst am besten, wie du deine Bedürfnisse vernachlässigst. Und wenn du mich jetzt genervt oder wütend fragst, wie ich mir das denn vorstelle, wie du gut für dich sorgen sollst, dann sage ich dir: Gar nicht. Es nutzt dir auch nichts, wenn ich mir das vorstelle. Ich weiß aber, dass Selbstfürsorge für dein eigenes Leben notwendig ist. Zunächst genügt dieses Bewusstsein. Denn dein Ärger ist in Wahrheit die Trauer darüber, dass du so sehr im System des Kranken festhängst. Und die Hoffnungslosigkeit, weil du keinen Ausweg findest. Das verstehe ich aus ganzem Herzen.

Die Liste also.

Und jetzt? Nun – nichts. Zumindest zunächst noch nichts. Ich möchte, dass du spürst, was mit dir geschehen ist, damit du dich da abholst, wo du in Wahrheit stehst. Und das ist schon ziemlich weit im Schatten. Spürst du das? Wie sehr dich die Krankheit in ihren Bann gezogen hat? Gut.

Hier kommt die gute Nachricht: Du hast emotionale Selbstheilungskräfte. Nicht nur die Schmerzvermeidung, die die ganze Zeit über gewirkt hat und dir deinen eigenen wahren Zustand vernebelt und verschleiert. Sondern auch echte Kraft, dich zurück ins Leben zu holen. Du bist nicht depressiv, du kannst das. Durch diese Liste und die ausgelöste Trauer über alles, was du eben nicht für dich tust, aktivierst du deinen Selbsterhaltungstrieb, also genau die Kraft, die der Depressive nicht mehr hat. Spüre die Trauer, spüre die Wut, spüre das alles. Du brauchst dem Kranken deine Gefühle nicht um die Ohren zu hauen, außer, es hilft dir. Manches kann man durchaus besprechen, und manchmal kann der Erkrankte sogar helfen, je nach seinem eigenen Zustand. Ich habe einmal mit meinem depressiven Partner einen Lebensvertrag gemacht, in dem ich versprochen habe, dass ich mich im Zweifelsfall für Lebendigkeit und Selbstfürsorge entscheide, selbst wenn er mich daran hindern will, und er unterschrieb diesen Vertrag – das kann sehr hilfreich und entlastend sein. Aber nicht immer ist der Erkrankte dazu bereit. Das macht nichts. Du brauchst seine Erlaubnis nicht.

Gehe in Klausur mit dir selbst. Spüre, was du dir zugemutet hast, und betrauere all die verlorene Zeit. Das klingt negativ, nun, es tut auch einfach sehr weh. Aber nur, wenn wir erkennen, wie sehr wir uns selbst schaden, wird die Selbstheilungskraft aktiv. Unterschätzen wir nicht die Fähigkeit unseres Gehirns, die sehr gesunde und überlebensnotwendige Schmerzvermeidung zu betreiben, wenn wir in scheinbar oder auch tatsächlich ausweglosen Situationen sind. Unser Inneres Kind hat einen zentralen Konflikt, wenn wir einen depressiven Angehörigen haben, auch wenn es nicht die eigenen Eltern sind. Es will gefallen und geliebt werden, will Geborgenheit und Sicherheit erleben, doch damit du nicht auch krank wirst, musst du dich gegen die Depression stellen und dich abgrenzen. Sich abzugrenzen ist für das Innere Kind nicht möglich, es will verschmelzen, das ist einfach seine Natur. Also wird es zornig, traurig, trotzig oder allzu hilfsbereit. Es rettet den anderen, statt um Hilfe für sich selbst zu bitten und zu erlauben, selbst gerettet zu werden. Später viel mehr darüber. Ich möchte hier nur, dass du verstehst, dass du es mit starken inneren Gegenspielern zu tun hast, die dich am liebsten noch ein bisschen mehr beschwichtigen wollen, damit du nicht aus deiner Komfortzone heraus musst. Doch den Preis zahlst du eben auch. Die Liste nun zeigt dir, wie groß der Schaden tatsächlich ist, den die Depression bei dir anrichtet. Und damit wacht ein Teil in dir auf. Damit geht es dir erst einmal noch schlechter, natürlich. Erlaube das. Denn du bist damit ein großes Stück näher an deiner emotionalen Wahrheit als in der Vermeidung und Beschwichtigung.

So sehr du es dir auch wünschst, dem Kranken gegenüber loyal zu sein, ihn zu unterstützen, so wichtig ist es, dass du die Beziehung zu dir selbst an erste Stelle setzt. Du nötigst sonst andere, für dich zu sorgen, und damit gibst du die Bedürftigkeit, für die du selbst nicht die Verantwortung übernimmst, an andere weitere. Beinah jeder Depressive zieht eine ganze Schar an hilfsbedürftigen und überforderten, oftmals auch gescheiterten Rettern hinter sich her.

Was ist, um das ganz klar herauszustellen, der Unterschied zwischen Selbstliebe und Egoismus?

In der Selbstliebe nährst du dich dreimal selbst, bevor du etwas weitergibst. Einmal, damit du selbst versorgt bist. Das zweite Mal, damit du eine Reserve hast. Und das dritte Mal, damit du etwas zum Weitergeben hast.

Im Egoismus nährst du dich auch selbst, aber du gibst nichts weiter, selbst dann nicht, wenn du etwas übrig hast. Deine Angst, zu kurz zu kommen, ist so riesig, dass du einfach nie das Gefühl hast, etwas weitergeben zu können, und wenn doch, dann willst du etwas anderes dafür zurückbekommen. Du hast keine Reserven für Selbstlosigkeit und erkennst diese auch nicht als sinnvoll und wertvoll an. Du schaust verächtlich auf diejenigen, die viel geben, und stellst dich innerlich voller Verachtung darüber.

In der Co-Abhängigkeit dagegen nährst du dich einmal und gibst auf der Stelle alles weiter, ohne Reserven zu bilden oder auch nur genug für deine eigene Versorgung zu haben. Weil du nie genug für dich hast, verlierst du Energie und versuchst unweigerlich, sie irgendwoher zu bekommen. Du wirst süchtig nach Essen, Rauchen, oder du rufst exzessiv bei Kartenlegerinnen an. Du jammerst oder hältst mit zusammengebissenen Zähnen tapfer durch, fühlst dich aber innerlich, wenn du ganz ehrlich bist, wie ein Opfer. Denn das bist du. Du bist das Opfer deiner eigenen Selbstaufopferung geworden, und das dient niemandem, auch dem Kranken nicht.

Selbstliebe also. Natürlich hast du das nie gelernt, sonst könntest du ja gut für dich sorgen. Aber immerhin liest du dieses Buch, und selbst wenn du nur hoffst, einen Tipp zu bekommen, wie du deinem Angehörigen helfen kannst, so sorgst du dennoch gerade im Moment gut für dich. Denn du suchst nach einem Ausweg, du willst, dass es dir besser geht. Du willst dein Leben zurück, stimmt es nicht? Es kann sein, dass dein Angehöriger gerade jetzt nach dir ruft oder du das Gefühl bekommst, du musst dich wieder einmal kümmern. Das ist, weil du in dieser Sekunde durch das Lesen deine Aufmerksamkeit zu dir selbst zurückholst und mit deiner Lebensenergie bei dir bist. Das spürt der andere natürlich, und er will wieder versorgt werden. Bleibe dennoch hier bei dir. Nicht bei mir, bei dir.

Was tun wir nicht alles, damit die Krankheit unseres Liebsten endlich verschwindet oder zumindest leichter wird? Doch wenn der andere nicht bereit ist, wirklich und wahrhaftig alles zu tun, was nötig ist, um gesund zu werden, können wir nur scheitern. Eine Depression ist eine Erkrankung, in der es sehr viel um spirituelle Selbstverantwortung und um ein Opferthema geht, das eigene oder das der Ahnenlinie. Du kannst nicht viel dazu beitragen, dass es deinem Liebsten besser geht, weil gerade seine Selbstverantwortung gefordert wird, außer das Umfeld zu stabilisieren und ihm Wärme und Verständnis zu schenken. Heilen kannst du ihn nicht. Das kann er nur selbst, indem er lernt, um Hilfe zu bitten und sie anzunehmen.

Ich gebe die Verantwortung ab. bzw.
lege sie nicht auf mich.

Ich gebe dir deshalb mit diesem Buch ein paar Hilfsmittel, mit denen du trotz allem gut für dich selbst sorgen kannst. Denn das darfst du. Du musst sogar. Nicht, weil dein depressiv erkrankter Angehöriger dich braucht, sondern weil du es dir selbst schuldig bist. Du bist am Leben, und du bist gesund. So lebe. Schenke der Krankheit nicht auch noch deine Lebendigkeit. Das Buch reicht natürlich nicht, zumindest erhebe ich nicht diesen Anspruch. Suche dir Hilfe, mache eine Therapie. Besuche Selbsthilfegruppen wie die anonymen Co-Abhängigen (www.coda-deutschland.de). Rede darüber. Schreibe darüber, zeige dich mit deiner Not. Nimm dir Auszeiten. Bitte.

Ich zeige dir in diesem Buch, woran du den Unterschied zwischen liebevoller Fürsorge und Co-Abhängigkeit erkennst. Ich möchte dich ermutigen, viel für deinen Partner, aber alles für dich selbst zu tun. Ich möchte dir Kraft geben, falls nötig auch gegen seinen Widerstand gut auf dich aufzupassen. Vor allem aber reden wir hier Klartext. Wir gehen über dünnes Eis und erlauben uns lieber einzubrechen, als weiter lediglich auf Zehenspitzen herumzuschleichen. Brechen wir ein, was soll schon passieren? Wir können doch alle schwimmen. Ich will dir eine Stimme geben, indem ich meine nutze. Denn wir werden nicht gehört und nicht gesehen. Wir bekommen Ratschläge, wie wir mit unseren depressiven Angehörigen umgehen sollen, aber niemand sagt uns, wie wir unser eigenes Leben dennoch meistern können. »Tu dies, tu das dagegen auf keinen Fall, nimm ihn ernst, aber achte auch auf deine Gefühle …« Nun ja, das hilft, wenn du beginnst, dich mit der Krankheit zu beschäftigen. Aber nicht, wenn du jahrelang damit lebst.

»Mit gefangen, mit gehangen« war ein Spruch, der mir oft durch den Kopf ging, als ich mit meinem depressiven Partner lebte. Und da war ein zwingendes Bild: Früher wurden die Ehefrauen lebendig mit begraben, wenn der Gatte starb. So ungefähr fühlt sich das an. Denn was willst du machen, wenn du Lust hast, heute Abend mit Freundinnen ins Kino zu gehen, doch es geht deinem geliebten Partner so schlecht, dass du Sorge hast, er könne sich etwas antun? Natürlich bleibst du zu Hause, und wenn du doch gehst, so simst du alle halbe Stunde und hoffst, dass alles gut geht. Absurd? Nein. Das ist der Alltag, wenn du mit einem Depressiven zusammenlebst, vor allem, wenn er keine Medikamente nimmt.

Wenn das der Fall ist, dann sage ich dir: Setze deinen Angehörigen unter Druck. Schleife ihn zum Arzt. Eine nicht behandelte Depression ist wahrlich eine Zeitbombe. Du hast das Recht und auch die Verantwortung, gut für euch beide zu sorgen und deinen Angehörigen ernsthaft unter Druck zu setzen. (Was natürlich unmöglich war, als du ein Kind warst, falls es um deine Eltern geht! Aber heute darfst du es.) Denn am Ende bist du die- oder derjenige, die oder der dasteht und sich fragt, warum du diesen Druck eben nicht gemacht hast. Eine Depression ist eine sehr schwere Erkrankung, die behandelt werden muss und einen Arzt erfordert. Das nicht wahrhaben zu wollen gehört zum Krankheitsbild der Depression, aber auch zu der Co-Abhängigkeit, unter der du selbst eventuell leidest. Wenn das für dich nicht passt, streiche es durch. Ich will dich nicht ärgern. Aber wenn du spürst, dass das stimmt, dann lasse nichts unversucht, deinen Partner zum Arzt zu bringen, egal, wie es ihm damit geht. Ernsthaft. Appelliere, wenn es nicht anders geht, an seine Liebe zu dir, auch wenn das schäbig ist. Denn ich sage es noch einmal: Du willst nicht erleben, dass dein Partner unbehandelt bleibt und Ernst macht. Eine Depression geht nicht einfach weg, wenn es eine klinische ist. Man kann eine Depression gar nicht ernst genug nehmen. Die meisten Selbstmorde sind Folgen eben dieser Krankheit. Das soll dir keine Angst machen, absolut nicht. Es soll dir aber zeigen, dass du das Recht hast, auch gegen den Widerstand deines Partners Hilfe zu holen. Denn du trägst die Lasten mit. Lasse den Arzt kommen, wenn es nicht anders geht, es ist einfach zu gefährlich.

Entmündigst du ihn damit? Ja. Und das darfst du auch, denn er ist krank. Er kann nicht für sich selbst entscheiden und sorgen, wenn er nicht behandelt wird, das ist einfach so bei einer Depression.

Ich musste meinen damaligen Partner in die Notaufnahme schleifen, weil er nur noch gegen die Wand schaute, teilnahmslos auf dem Sofa saß, kreidebleich war und ich ernsthaft nicht wusste, ob er noch leben würde, wenn ich von der Arbeit kam. Wenn ich morgens aus dem Haus ging, musste er mir versprechen, sich heute nicht umzubringen. Zum großen Glück kam er mit in die Notaufnahme, sonst hätte ich den Notarzt auch gegen seinen Willen zu uns nach Hause geholt. Ich konnte die Verantwortung nicht tragen, ganz einfach, es war zu krass und zu ernst. Wir hatten sowieso viel zu lange gewartet, weil ich durch meinen Beruf so viele Werkzeuge kenne, die hätten helfen können. Vergiss es. Nichts hilft. Jetzt bekommt er seit vielen Jahren Medikamente und lebt gut damit, stabil. Nicht überschäumend glücklich. Aber stabil. Es genügt. Es bricht mir noch immer das Herz. Aber ich mache mir nicht mehr so viele Sorgen.

Was macht uns eigentlich so wütend auf den Depressiven? Diese Wut der Angehörigen gehört schon fast zum Diagnosefragebogen, so typisch ist sie.

Eine Depression entsteht oft aus unterdrückter Wut. Statt wütend zu werden und sich zu wehren (was als Kind meistens nicht geht), fressen Menschen, die zur Depression neigen, Ärger und Schmerz in sich hinein. Sie passen sich an, statt für sich selbst einzustehen. Es macht den Eindruck, als opferten und überforderten sie sich geradezu lustvoll, damit sie auf keinen Fall Verantwortung für sich selbst übernehmen müssen. Und ja, ich weiß, wie das klingt. Das ist nicht für dich, wenn du von der Krankheit betroffen bist. Wir erleben es so, wir Angehörigen. Deshalb darf es gesagt werden. Es muss gesagt werden. Wir ersticken sonst daran.

Eine Depression ist neben den klinischen Symptomen eine Krankheit des Wurzelchakras. Was heißt das denn? Stelle dir vor, du hast verschiedene Energiezentren im Körper, das sind Bereiche, in denen besonders viele Drüsen liegen. Diese Bereiche sind psychoaktiv, das heißt, hier verbinden sich Emotionen und Körper, um es einmal ganz einfach auszudrücken. Man nennt so einen Bereich »Chakra«, das heißt »Rad«. Stelle dir dieses Chakra wie einen Energiewirbel vor – der natürlich störanfällig ist. Ist er irgendwie gestört, dann verlierst du Lebensenergie. Im Wurzelchakra, das ganz unten am Steißbein liegt, finden wir Selbstbehauptung und bedingungslosen Überlebenswillen, die gesunde Kämpfernatur. Wird der natürlich aggressive Impuls, mit dem sich ein Kind gegen Beschämung und jede Art des Machtmissbrauchs wehren könnte, unterdrückt, warum auch immer, richtet er sich nach innen und gegen sich selbst. Selbsthass und innerer Groll sind die Folgen. Auch diese Gefühle und Impulse werden unterdrückt, bis das leuchtende, kraftvolle Wurzelchakra, das unser irdisches Überleben sichert, nur noch einer grauen, leblosen Wolke gleicht. Es gibt viele Gründe für eine Depression, natürlich spielen die Hormonproduktion und die Fähigkeit der Synapsen, diese Hormone auch zu erkennen, eine große Rolle. Fast immer trägt der Erkrankte eine schwere Last für das ganze System, oft für die gesamte Ahnenreihe. Doch immer findet man auch eine echte energetische Störung im Wurzelchakra. Und weil unser geliebter Partner oder Angehöriger seine Wut nicht mehr selbst spüren kann und will, tun wir das für ihn. Denn sie wabert im Energiefeld, blitzt, schießt, stachelt.

Diese Wut ist gesund, wenn sie uns hilft, uns abzugrenzen. Unterdrücken wir sie aber, dann greift die Krankheit auch nach unserem eigenen Überlebenswillen.

Außerdem ist eine Depression eine spirituelle Krankheit. Ein Depressiver erlebt sich nicht oder nur sehr schwer als Schöpfer seines Schicksals, sondern als Opfer der Lebensumstände. Es scheint, als seien Körper und Seele sehr, sehr weit voneinander entfernt. Weder die Schöpferebene noch das Wurzelchakra, jene beiden Ebenen also, die für Selbstbestimmung stehen, fühlen sich kraftvoll an. Sie korrespondieren nicht miteinander, sind sehr geschwächt und vom Bewusstsein des Patienten abgespalten.

Manchmal, und das macht uns noch wütender, hat man den Eindruck, als wolle der Angehörige gar nicht gesund werden, als sträube er sich regelrecht, etwas Gutes für sich zu tun. Als würde er bewusst und absichtlich in der Krankheit und der Schwere verharren, womöglich, weil er uns dann besser kontrollieren kann. Denn auch darum geht es: Wir fühlen uns ständig kontrolliert. Beinah hat man den Eindruck, der Partner nutze seine Krankheit, damit wir ja nicht unser eigenes Leben leben können.

Das Nein zum Leben und auch zur eigenen Genesung, zur Selbstverantwortung, gehört zum Krankheitsbild der Depression, und das macht es so ungeheuer schwer.

Weil es hier um uns, die Pflegenden, geht, dürfen wir uns folgende Frage stellen: Wie gehen wir damit um?

Und wo ist unsere eigene Selbstverantwortung, wie haben wir dieses Thema in unser Leben gezogen? Es ist sehr wichtig, dass wir diese Frage erlauben, auch wenn du dich vielleicht über sie wunderst. Wir sind Teil des Systems eines Depressiven, und so ist es sehr wichtig und hilfreich, unsere eigenen Resonanzen zu überprüfen und zu löschen. Das ist die psychologische und spirituelle Sicht der Dinge. Wir können die Krankheit eines Familienmitgliedes nicht unabhängig vom Gesamtsystem betrachten. Und so möchte ich dir in diesem Buch auch die Möglichkeit anbieten, deinen eigenen Anteil an dieser Krankheit, unter der du ja, wenn auch sekundär, sehr leidest, anzuerkennen und zu erlösen.

Sammeln wir zunächst Kraft.

Deine dich, und nur dich, nährende Kraft

Die überbordende Fürsorge und Sorge um deinen Angehörigen kann man durchaus mit der Co-Abhängigkeit vergleichen, die Angehörige von Süchtigen oft erleben. Du verheimlichst den Zustand des anderen nach außen und auch vor dir selbst, du entschuldigst ihn, nährst sein System und hörst nicht auf die nagende innere Stimme, die dir sagt, dass etwas ganz und gar nicht stimmt. Du bedienst die Krankheit, wenn du co-abhängig bist, statt auf dein eigenes Bauchgefühl zu hören. Stelle dir bitte einmal vor, du hättest unter deinen Füßen eine Art Energiezentrum, das man als »Erdchakra« bezeichnen könnte. Chakra heißt einfach nur »Rad« und meint einen sich drehenden Wirbel aus Kraft. Egal, ob du an solche Dinge glaubst oder nicht, es hilft, mit inneren Bildern zu arbeiten, wenn man etwas für sich selbst tun will. Innere Bilder aktivieren bestimmte Hirnteile, in denen Hormone produziert werden.

Übung: Deine Erdung

Stelle dir also dieses »Erdchakra« vor. Das kannst du gleich jetzt tun, schließe einfach kurz die Augen, und lies dann weiter.

Wie sieht es denn aus?

Schaue bitte nach, ob andere Menschen, besonders dein depressives Familienmitglied, ihre Wurzeln in dein Erdchakra hinein-

wachsen lassen, ob sich also andere an dir und deiner Energie laben, sich durch dich ernähren. Gibt es denn dir genug Energie? Oder ist es dunkel und stumpf geworden? Wie auch immer es sein mag, es ist genau richtig, lasse es einfach so sein. Es hat wenig Sinn, das vorhandene Erdchakra ändern zu wollen, es gibt etwas Besseres. Stelle dir nun bitte vor, Mutter Erde wäre ein echtes Wesen, mit dem du kommunizieren kannst, stelle es dir einfach vor, es ist doch egal, ob das stimmt oder nicht. Das mit dem Chakra hat ja auch geklappt, oder?
Bitte jetzt Mutter Erde, dir aus ihrem Herzen heraus ein neues Erdchakra zu erschaffen, eines, das dich nährt, dich hält und trägt. Und das nur dir gehört. Bitte sie auch, für dein erkranktes Familienmitglied ein Erdchakra zu kreieren, wenn du willst. Wenn du dein neues Erdchakra siehst, wenn du es dir vorstellen kannst oder es gar spürst, dann mache in Gedanken bitte einen großen Schritt, und stelle dich bewusst und ausdrücklich auf das neue Erdchakra. Lasse das alte hinter dir.

Kennst du dich mit Familienstellen aus, dann schreibe auf einen Zettel »Mein neues Erdchakra«, und lege ihn vor dir auf den Boden. Stelle dich ganz bewusst darauf, und tue das immer wieder, wenn du erlebst, dass dich der Erkrankte doch wieder anzapft. Du kannst das so oft tun, wie du willst.
Spürst du, wie Energie durch deine Füße in dich einströmt? Gut. Sehr gut. Ich bin erleichtert.
Unterstütze dich selbst mit Aura-Soma-Öl, wenn du einen guten Bezug dazu hast, ich mag das sehr. Es gibt viele Hilfsmittel, dein Schrank ist sicher voll davon – für den Depressiven. Nutze sie bitte ab sofort für dich selbst.

Ein neues Erdchakra – das klingt lapidar. Aber es ist äußerst wirkungsvoll, denn du übernimmst damit ganz bewusst die Verantwortung für deine Lebensenergie, und das honoriert die Erde immer. Du signalisierst, dass du lebendig sein willst, genährt und voller Kraft. Für dich, nicht für deinen Partner. Für DICH, das ist wichtig. Deine Aufopferung dient dem Erkrankten nicht, er fühlt sich nur noch schwächer und schlechter. Er bekommt Druck, weil du alles für ihn tust und er so wenig zurückgeben kann, nicht einmal sein Wohlbefinden. Sorge für ihn, natürlich tust du das. Aber noch besser: Sorge bitte für dich selbst.

Willst du energetisch für den Erkrankten arbeiten, dann bitte Mutter Erde, ihn oder sie gut zu halten, zu nähren und zu stützen. Vertraue ihn oder sie dem Leben selbst an.

Gib alles, was du für ihn trägst, in die liebenden Hände von Mutter Erde und in die seines Schutzengels. Vermutlich sorgst du intensiv für das Innere Kind des anderen, dazu später mehr.

Dich abgrenzen lernen

Wenn du mit einem Depressiven lebst, dann haben sich viele sehr dunkle Fäden zwischen ihm und dir gebildet. All die Fürsorge, die Sorgen, das Tragen und das Projizieren bilden schwere, dicke Verbindungsschnüre, von denen du dich regelmäßig befreien darfst und solltest. Denn die lichtvollen Fäden der Liebe, der gesunden und echten Fürsorge, werden sonst erstickt, so, wie eine Schlingpflanze die

Blumen in deinem Garten ersticken kann. Zurück bleiben Wut, Überforderung und diese bleierne Müdigkeit. Wenn du diese sehr energieraubenden Fäden nicht trennst, dann müssen dir unweigerlich andere Menschen Kraft geben. Du jammerst, wirst selbst krank, nötigst unbewusst oder auch bewusst andere dazu, sich nun ihrerseits um dich zu kümmern. Damit weitest du das ungesunde System nur aus, und es bringt gar nichts.

So schließe nun bitte die Augen, nachdem du den Text gelesen hast.

Übung: Trennung von dem, was nicht deines ist

Spüre in deinen Körper hinein, und frage ihn, wo sich diese dunklen, ungesunden Fäden befinden. Oft kommen sie aus dem Bauch heraus, aber sei ganz offen. Lasse diese Fäden bewusst aus dir herauswachsen, schaue sie dir an. Es kann sogar sein, dass dein Körper an dieser Stelle zu schmerzen beginnt, das zeigt dir nur, wie schwer diese Fäden sind. Falls du Schuldgefühle bekommst, dann lasse auch diese mit in die Fäden hineinfließen. Nimm nun eine Hand, und greife dir diese Fäden. Ziehe sie straff. Glaubst du an Engel, dann bitte darum, dass dir Erzengel Michael ein geheiligtes Schwert der Liebe und Klarheit in die andere Hand gibt. Hast du es nicht so mit Engeln, dann findest du eine andere Lösung, wichtig ist nur, dass das Schwert, die Klaue oder was auch immer du nutzen willst, um die Schnüre zu durchtrennen, bewusst der Liebe dient. Du kannst auch dein Krafttier bitten, den dunklen Strang durchzubeißen.
Sage nun laut den Satz: »Ich trenne mich von den dunklen Energien, die mich mit (voller Name) ... verbinden.« Und dann ziehe noch ein-

mal die Fäden straff, und trenne die Fäden mit dem Schwert durch, oder lasse sie durchbeißen.

Stelle dir nun vor, wie die Fäden der Liebe aus dir herauswachsen und den anderen berühren.

Wie oft solltest du das tun? So oft wie nötig. Es bilden sich immer wieder neue Fäden, denn die Krankheit ist ja da und nötigt dich immer wieder zu ungesundem Verhalten, egal, wie sehr du dich dagegen auch wehren magst. Das macht nichts. Lösche und durchtrenne einfach immer wieder die Schlingfäden, die deine eigene Lebensenergie ersticken.

Selbstverständlich kannst du diese Technik für jedes ungesunde Verhalten und für jede Beziehung nutzen, das ist sogar sehr sinnvoll. Denn dunkle Beziehungsfäden der Abhängigkeit, der Unachtsamkeit, der Manipulation und der Überfürsorge bilden sich nun einmal, egal, wie achtsam wir auch sind.

Kann man sich auch von den Fäden anderer trennen? Ja. Aber es ist sinnvoller, sich von den eigenen zu trennen, denn dann bekommen die dunklen Fäden anderer keinen Resonanzboden, keinen Halt, und können nicht andocken.

Oftmals fühlen wir uns von anderen gehalten und eingeengt. Wenn wir aber nach den Fäden schauen, erkennen wir sehr oft, dass wir selbst festhalten. Und sei es nur, um bestimmte Ergebnisse zu erzielen oder um Ablehnung zu vermeiden.

Selbstverständlich kannst du dich auch von der Depression selbst trennen, immerhin ist sie ja Teil deines Lebens und wirkt, auch wenn du selbst nicht daran erkrankt bist. Das stimmt sowieso nicht ganz, denn diese Krankheit beeinträchtigt ja auch dein Leben sehr. Du bist also durchaus mit daran erkrankt.

Übung: Dich von der Depression trennen

Lasse also den Faden, der dich mit der Depression verbindet, aus dir herauswachsen. Und dann nutze die gleiche Technik, trenne den Faden mit dem Lichtschwert von Erzengel Michael ab.
Willst du noch einen Schritt weiter gehen, dann lasse jetzt den Faden herauswachsen, der die Ursache dafür bildet, dass diese Krankheit überhaupt eine Rolle in deinem Leben spielt.
Es kann sein, dass sich dieser Faden an einer ganz anderen Stelle als die anderen befindet, bei mir zum Beispiel strömt ein Schattenstrahl aus dem Kronenchakra heraus.
Ob es dir bewusst ist oder nicht, etwas in dir hat sich diese Situation erschaffen, wozu auch immer. Lasse dich nicht durch diesen Satz ärgern, das ist eine gute Sache. Denn dadurch bist du nicht nur hilfloses Opfer, sondern kannst etwas ändern. Lasse also den Faden, der dazu geführt hat, dass diese Krankheit in deinem Leben eine Rolle spielt, aus dir herauswachsen, und sage laut den Satz: »Ich trenne mich jetzt von allen selbst erschaffenen Ursachen von und Resonanzen mit Depressionen – durch Raum und Zeit und durch alle Inkarnationen hindurch.«

Tue das bitte immer wieder, denn es kann viele verschiedene Ebenen geben, auf denen du dir diese Umstände erschaffen hast. Diese Übung zu wiederholen bedeutet nicht, dass sie nichts nutzt oder dass du kein Vertrauen in sie hast, sondern dass du die Vielschichtigkeit der Dinge anerkennst.

Darf ich dich dazu einladen, ein Stück tiefer zu gehen? Jetzt wird es spirituell, überblättere die Übung einfach, wenn sie dir nicht dienlich erscheint. Ich nehme es als sehr sinnvoll wahr, die seelischen Ebenen mit in unsere gemeinsame Arbeit einzubeziehen, aber das muss für dich nicht stimmen.

Übung: Das Tor der Selbstliebe

Und nun stelle dir bitte ein goldenes Tor vor. Es ist das Tor deiner Selbstliebe, und es führt dich in ein neues Leben. Aber das Tor hat eine besondere Eigenschaft: Es zieht alles aus dir heraus, was dem Leben nicht mehr dient oder nicht mehr am Leben teilnehmen möchte.
Es zieht möglicherweise auch Energien und Eigenschaften aus dir heraus, an denen du gerne festhalten würdest. Es braucht also Mut und Vertrauen, dieses Tor zu durchschreiten.

Dieses Tor ist deine Chance. Rufe nun bitte innerlich den Anteil in dir, der schon so lange vergeblich versucht, den depressiven Angehörigen zu heilen oder aufzumuntern. Lasse dich ganz ausdrücklich die Erschöpfung dieses inneren Anteils erleben. Vielleicht sieht er aus wie tot, ganz grau und dünn oder auch unförmig und aufgeschwemmt. Frage nun bitte diesen inneren Anteil, ob er überhaupt noch auf der Erde sein will.

Wenn er Nein sagt:

Er darf ausdrücklich nach Hause gehen, sei es, dass er mit der Erde verschmelzen, sich in ihr auflösen oder nach oben ins lichte Reich der Engel aufsteigen will. Erlaube diesem Anteil nun also, deinen Körper zu verlassen und sich in reine Energie zu verwandeln. Du brauchst nicht zu verstehen, was da genau geschieht, erlaube es einfach.

Gehe nun durch das Tor, bleibe im Torbogen stehen, und erlaube, dass dieses Tor wie ein Magnet alles aus dir herauszieht, was nicht mehr zu dir gehört oder nicht mehr durch dich gelebt werden will oder gelebt werden muss.

Hinter dem Tor wartet ein lichtvolles Wesen auf dich, so strahlend, wie du es dir nur vorstellen kannst. »Ich bin dein unverletztes Selbst«, sagt dir dieses Lichtwesen. »Ich bin, was du wärst, wärst du nicht verletzt. Ich bin, was der große Geist träumte, als er dich schuf, ich bin du, aber ganz, vollständig, unverletzt.« Jetzt strömt dieses Lichtwesen in dich ein und erfüllt alle Zellen, die Knochen, die Organe, einfach alles.

Wenn es Seelenanteile in dir gibt, die nach Hause ins Licht zurückkehren wollen, dann geschieht das jetzt, ganz einfach, ganz unspektakulär. Es ist einfach nur ein Energieaustausch, Aspekte deiner Seele gehen heim, andere kommen dafür auf die Erde. Dein Körper ist wie ein Spielfeld, es gibt Regeln, doch die Spieler können wechseln. Verletzte und müde Spieler dürfen ausgetauscht werden. Braucht es eine neue Formation, so darf der Trainer, der alles überblickt (deine geistigen Führer und Lehrer), die Mannschaft neu aufstellen.

Lasse alles in dir wirken, und sei sicher, du wirst dich anders fühlen, neu, frischer und mehr wie du selbst.

Sagt der Anteil, dass er auf der Erde bleiben will:

Frage ihn bitte, was er braucht. Rufe ihm sein Krafttier und seine Schutzengel, und bitte sie, ihm das zu geben, was ihm hilft. Trenne ihn von den dunklen Schnüren, wie du es gelernt hast.
Verneige dich bitte vor diesem Anteil, der all die Lasten trägt. Sage ihm: »Ich sehe deinen Schmerz und du hast mein volles Mitgefühl.«
Ist dieser Anteil ein Inneres Kind, so findest du weiter hinten im Buch Hilfe.
Vermutlich trägt dieser Anteil sehr schwer an den Lasten deines erkrankten Familienmitglieds.
Nimm das wahr, sage ihm, dass du dich gleich weiter um ihn kümmerst, und komme bitte zunächst in den Raum zurück, in dem du dich im Moment befindest.

Ob du in der letzten Reise Seelenanteile ins Licht entlassen konntest oder nicht: Eine Depression ist immer eine Systemerkrankung, und so kannst du bestimmt vieles erlösen, wenn du die Ahnen in die Heilarbeit miteinbeziehst.

Du bist nicht allein – die zerstörerische und Heil bringende Kraft der Ahnen

Eine Depression ist vererblich, und es ist eine Krankheit des ganzen Familiensystems. Auch wenn du »nur« Partner bist, so hast du doch dieses System in dein Leben eingeladen und bist deshalb Teil davon. Bist du Angehöriger, gar Kind eines an Depression Erkrankten, dann ist Ahnenarbeit wirklich wesentlich.

Warum? Warum laden wir uns eine solche Bürde auf? Die Seele braucht keine komplizierte Antwort auf diese Frage. Die seelische Antwort ist immer: Weil ich es tragen kann, weil die Zeit reif ist, und weil ich es erlösen kann. Und das stimmt. Aber du als Mensch, du kannst all das womöglich nicht, weil deine Seele völlig unterschätzt hat, wie schwer du an dieser Depression trägst, wie viel Kraft sie kostet und wie mutlos sie dich macht.

Erlaube mir, dich zu unterstützen. Ich stelle dir drei Ahnenreisen vor. In der ersten gibst du die Lasten, die du für die Ahnen trägst, in die Erlösung. In der zweiten bekommst du die Kraft der lichtvollen, also nicht an der Depression tragenden Ahnen zur Verfügung gestellt. Und in der dritten Reise bekommst du ein neues Bewusstsein für all das, was du getragen hast. Denn nur darum geht es bei allem, was wir durchmachen: Wir erlangen Bewusstsein, im besten Fall sogar ein höheres Bewusstsein, über jene emotionalen, geistigen und körperlichen Kräfte, die durch eine Erfahrung aktiviert werden, im Leid- und im Lichtvollen.

So darf ich dir hier die erste Ahnenreise vorstellen. Lies sie bitte zunächst durch. Die inneren Reisen dieses Buches sind keine Entspannungsübungen oder Strandspaziergänge, sondern Therapiesitzungen, und ich bitte dich, selbst zu entscheiden, ob du dich in der Lage fühlst, sie allein durchzuführen oder nicht. Wenn nicht, dann suche dir Hilfe. Lasse dir den Text von einer Vertrauensperson vorlesen, oder suche dir einen Therapeuten deines Vertrauens.

Übung: Die Lasten der Ahnen zurückgeben

Erlaube dir, dich zu entspannen, es gibt nichts mehr für dich zu tun, lasse alles in dir sein, wie es gerade ist, folge deinen inneren Bildern und Gefühlen. Vertraue dem, was du in dir wahrnimmst. Stelle dir bitte ein Tor vor, das kann ein Steintor sein, vielleicht ein goldener Lichtbogen, ein natürlich gewachsenes Tor aus Bäumen – oder etwas ganz anderes.

Du gehst hindurch und befindest dich auf einmal in einer anderen Welt, einer Welt, in der die Dinge eine tiefere Bedeutung haben. Du befindest dich in einer Landschaft. Vor dir liegt ein Weg, und du entscheidest dich, ihn zu gehen. Rufe die Kräfte der Ahnen und der Erde – und du spürst, wie sich tatsächlich etwas verändert, wenn du diese Kräfte rufst. Du gehst den Weg weiter und bemerkst auf einmal ein großes Feuer. Um dieses Feuer herum sitzen sehr viele Wesenheiten, vielleicht welche, die du kennst, vielleicht auch andere, Schutzengel, Krafttiere, Lichtkräfte oder auch dunkle Energien. Schaue einfach hin, und lasse es so sein, wie es ist. Ein Platz ist noch frei.

Eine sehr große, machtvolle Wesenheit tritt auf dich zu und sagt dir: »Dies ist deine Ahnenreihe, und ich bin der Hüter eures Schicksals. Hier findest du auch Inkarnationen deiner selbst, wenn du noch etwas für sie trägst.«
Das große, machtvolle Wesen führt dich an den freien Platz, und du setzt dich ans Feuer. All die Wesenheiten, deine Ahnen, die Hüter deiner Ahnen, alle, die um das Feuer herumsitzen, verneigen sich vor dir. Die Stimmung ist sehr feierlich, sehr machtvoll.
Das große Wesen, das dich willkommen geheißen hat, sagt dir: »Seit Anbeginn der Zeit trägt deine Linie eine besondere Aufgabe, eine schwere Last. Deine Eltern, deine Großeltern, all deine Ahnen, vielleicht auch deine Geschwister, ganz bestimmt aber deine Kinder tragen bereits diese schwere Last. Sie ist euch so sehr vertraut, dass ihr sie vielleicht gar nicht bewusst wahrnehmt, und doch spürt ihr immer wieder, dass das Leben manchmal leichter sein dürfte, freier und erfüllter. Ihr habt eure Aufgabe erfüllt, ihr habt all die Erfahrungen gemacht, zu denen ihr euch bereit erklärt habt, und es wird Zeit, sie loszulassen. Wir danken dir von Herzen, denn du bist es, der dieses Schicksal ein für alle Mal beendet.«
Du spürst in dich hinein, lässt dir Zeit, um zu erkennen, wo sich in deinem Körper diese ganz besondere Last aufhält, und auf einmal erkennst du, es stimmt. Du trägst eine Last, du spürst, wo sie sich befindet und welche Auswirkungen sie auf dein Leben hat. Es ist die Last, über Gebühr für andere da sein zu müssen, vielleicht trägst du gar die Depression selbst. Nun öffne bitte deine Hände, und stelle dir deine Kinder vor, vielleicht sogar deine Enkelkinder. Wenn du keine hast, so gibt es vielleicht Nichten und Neffen, die zur Ahnenreihe gehören, die du mit erlösen möchtest. Halte deine Hände geöffnet, und bitte die Kinder, dir jetzt alles zurückzugeben, was sie bereits für diese Ahnenreihe tragen. In Form von Energie,

von Symbolen, vielleicht einfach von Schwere – nimm es an, lasse dir alles zurückgeben, was du, ohne es jemals zu wollen, bereits weitergegeben hast. Du konntest das nicht vermeiden, du darfst es aber jetzt beenden.
Irgendwann spürst du, dass deine Kinder oder Enkel, deine Nichten und Neffen dir alles zurückgegeben haben, was heute erlöst werden darf.
Jetzt lasse bitte alles, was du selbst trägst, in deine Hände fließen, vielleicht in Form eines Symbols, vielleicht als einen Schatten oder einen Energieball, vielleicht als einen Stein. Du trägst jetzt die Last deiner Kinder und deine eigene in den Händen – die Last der Depression, die deine gesamte Ahnenreihe trägt. Auch wenn dein Partner erkrankt ist, trägst du diese Last. Ganz sicher findest du dieses Schicksal auch bei anderen in deiner Ahnenlinie.
Drehe dich nun zu deiner Mutter oder zu deinem Vater, je nachdem, wer da ist, und gib ihr oder ihm die Last zurück.
Sage ihr oder ihm: »Ich habe das für die ganze Ahnenreihe getragen, und auch du trägst das für uns alle. Ich gebe es dir zurück, aber nur, damit du deine Schwere, deine Energie, das, was du trägst, mit hineinfließen lassen kannst. Füge deine Last hinzu, und gib sie dann im Ahnenkreis weiter nach hinten.«
Und jetzt schaue bitte, was passiert. Deine Mutter oder dein Vater, vielleicht ihre Schutzengel oder die Hüter ihres Schicksals ziehen jetzt alle Energie, die sie für die Ahnen tragen, heraus, fügen es dem, was du ihnen gegeben hast, hinzu und geben es weiter nach hinten an die Großeltern. Nun wird die Last im Kreis ums Feuer herum weitergegeben, und jeder Ahn fügt das hinzu, was er trägt. Besonders die alten Verträge, Phiolen mit Gift, Waffen, alles, was es deine Ahnenreihe gekostet hat, dieses Schicksal auszuführen, kann jetzt losgelassen werden. Die Verträge werfen deine Ahnen

gleich ins Feuer. Auch du wirfst deine Verträge ins Feuer, die Heiratsversprechen, der Pakt mit dem Teufel, die Keuschheits- und Armutsgelübde, die Bindung an Kirchen, die Verträge mit Königen, die Sklaven- und Versklavungsverträge, magische Bindungen, seien sie weiß oder schwarz, und vor allem die seelischen Verträge.
Die Verabredungen, die du auf seelischer Ebene getroffen hast, um anderen ein Spiegel zu sein, darfst du nun ins Feuer werfen, wenn sie nicht mehr stimmig sind, all die magischen Verstrickungen, durch wen auch immer sie erschaffen wurden, darfst du wie Fesseln und schwarze Bänder aus dir herausziehen und ins Feuer werfen. Deine Ahnen tun das Gleiche, und du spürst, wie die Energie sich ändert, wie Licht bereits jetzt seinen Weg zurückfindet. Weiter und weiter geben deine Ahnen die Last zurück, bis sie irgendwann am Ursprung, beim ältesten Ahn, angekommen ist.
Und das geschieht jetzt.
Der Hüter eurer Ahnenreihe nimmt diese nun sehr schwere Last, verneigt sich vor euch allen und wirft sie ins Feuer. Augenblicklich lodern die Flammen hoch auf, und augenblicklich verbrennt die Last. Im selben Moment wird die gebundene Energie wieder frei, alles, was es euch gekostet hat, dieses Schicksal zu tragen. All die Liebe, das Leben, das Glück, die Erfüllung, die es euch gekostet hat, damit ihr alle diese Erfahrungen machen konntet, fließen nun in die ganze Reihe zurück. Besonders die verlorenen Ahnen, die dunklen, vergessenen, verschwiegenen Ahnen, kommen in die Reihe zurück, finden ihren Platz, reihen sich ein, nehmen am Leben teil. Das Glück und das Leben strömen überall dahin, wo sie fehlen, fließen zu den Ahnen, zu denen sie gehören.
Auch du selbst wirst erfüllt, deine Kinder, deine Enkel, Geschwister, Nichten und Neffen. All das gebundene Leben wird frei. Deine eigenen Inkarnationen werden frei und lichtvoll, und Karma löst

sich. Immer lichter und heller wird der Kreis, einige der Ahnen beginnen, sich aufzulösen, ins Licht zu gehen. Alle Seelen, für die es jetzt Zeit ist zu gehen, verlassen das Feuer, gehen nach Hause, Seelenaspekte, die wegen des schweren Schicksals verloren gingen und abgespalten worden sind, können jetzt zurückkehren, einfließen, in deine Ahnen, aber auch in dich selbst, in deine vergangenen Inkarnationen und in dich, wie du heute am Feuer sitzt. Du spürst auf einmal Frieden, Frieden mit dem, was ist. Immer freier werden deine Ahnen, immer lichtvoller.
»Du bist jetzt frei, ein neues Leben zu führen, du bist jetzt frei, in Erfüllung, in Glück, in Freude zu leben«, scheinen sie dir zuzuwispern. »Wir danken dir aus tiefster Seele, dass du dich selbst und uns alle erlöst hast.«
Du bist tief bewegt und dankbar, dass du diesen Dienst dir selbst und deinen Ahnen erweisen durftest. Es kann sein, dass du noch ein paar Mal ans Feuer zurückkehren darfst, vielleicht gibt es verschiedene Aspekte, die nach und nach erlöst werden wollen.
Irgendwann stehst du auf, verlässt das Feuer und bemerkst ein zweites Tor. Du weißt, wenn du durch dieses Tür hindurchgehst, betrittst du ein anderes Leben, ein Leben, in dem Liebe, Erfüllung, Freude und Glück auf eine ganz andere Weise möglich sind, als du das bisher erlebtest und kanntest.
Gehe nun durch das Tor, bleibe im Torbogen stehen, und erlaube, dass dieses Tor wie ein Magnet alles aus dir herauszieht, was nicht mehr zu dir gehört oder nicht mehr durch dich gelebt werden will oder gelebt werden muss.
Hinter dem Tor wartet ein lichtvolles Wesen auf dich, so strahlend, wie du es dir nur vorstellen kannst. »Ich bin dein unverletztes Selbst«, sagt dir dieses Lichtwesen. »Ich bin, was du wärst, wärst du nicht verletzt. Ich bin, was der große Geist träumte, als er dich

schuf, ich bin du, aber ganz, vollständig, unverletzt.« Jetzt strömt dieses Lichtwesen in dich ein und erfüllt alle Zellen, die Knochen, die Organe, einfach alles.
Wenn es Seelenanteile in dir gibt, die nach Hause ins Licht strömen wollen, dann geschieht das jetzt, ganz einfach, ganz unspektakulär. Es ist einfach nur ein Energieaustausch, Aspekte deiner Seele gehen heim, andere kommen dafür auf die Erde. Dein Körper ist wie ein Spielfeld, es gibt Regeln, doch die Spieler können wechseln. Verletzte und müde Spieler dürfen ausgetauscht werden. Braucht es eine neue Formation, so darf der Trainer (deine geistigen Führer und Lehrer), der alles überblickt, die Mannschaft neu aufstellen. Lasse alles in dir wirken, und sei sicher, du wirst dich anders fühlen, neu, frischer und mehr wie du selbst.

Du trägst die Lasten der Ahnen, aber sie haben auch ein Geschenk für dich, eine Erkenntnis und jede Menge Kraft. Die Schamanen unterscheiden zwischen erleuchteten und nicht erleuchteten Ahnen, und es gibt durchaus Ahnenkräfte, die dir auf beinah wundersame Weise zur Seite stehen können. Diese Ahnenkraft darfst du annehmen.

Übung: Die Kraft der lichtvollen Ahnen

Du machst es dir bequem, schließt deine Augen, es gibt nichts mehr für dich zu tun. Du brauchst niemandem zu gefallen, es niemandem recht zu machen, für niemanden zu sorgen. Alles an dir darf so sein, wie es ist, und du bist genau so, wie du bist, vollkommen in Ordnung. Und weil das so ist, darfst du dich noch ein wenig tiefer

entspannen und noch ein wenig mehr die Kontrolle über dich selbst und das, was du fühlst, loslassen.
Vor deinem inneren Auge entsteht ein Tor, oder du stellst dir einfach ein Tor vor. Du gehst hindurch und findest dich in einer wundervollen Landschaft wieder, mitten in der Natur. Mit jedem Schritt, den du gehst, schöpfst du Kraft aus Mutter Erde. Die Leuchtkraft der Pflanzen nährt dich, stärkt deinen Lebensmut. Vielleicht begleiten dich Tiere, sie geben dir Schutz, Zuversicht und Geborgenheit.
In einiger Entfernung bemerkst du ein Feuer. Darum herum sitzen Wesenheiten, die ein solches Licht verströmen, dass du dich womöglich gar nicht würdig fühlst, auf sie zuzugehen. Doch du spürst eine so große Welle der Liebe und der Wärme, die von diesen lichtvollen Wesenheiten zu dir fließt, dass du diese Scheu überwindest und näher zum Feuer trittst. Ein Platz am Feuer ist noch frei, erkennst du. Aus dem Feuer heraus erscheint jetzt eine noch größere Lichtgestalt, sie schimmert in allen Farben und sieht fast wie ein Engel aus. Sie hält eine Lichtkugel in ihren Händen.
»Willkommen im Kreis der lichtvollen Ahnen«, sagt sie. »Du bist einer von uns, und dieser freie Platz ist deiner. Wir haben schon auf dich gewartet und freuen uns sehr, dass du gekommen bist.«
Du setzt dich auf den freien Platz am Feuer und fühlst dich, obwohl du es gar nicht erwartet hast, tatsächlich zugehörig zu all diesen Lichtwesen.
»Auch du bist ein sehr machtvolles Lichtwesen«, sagt dir die engelähnliche Gestalt, »obwohl du dich oft nicht so fühlst. Wir sehen dein Licht, deine Liebe und die Reinheit deiner Absichten. Wir haben uns hier versammelt, um dir die Lichtkraft unserer Ahnenreihe zu geben, damit sie auf Erden weiterwirken kann. Denn unsere Ahnenreihe verfügt über ganz besondere Kräfte. Diese Kraft darfst du jetzt nutzen und für dich in Anspruch nehmen.«

Du wunderst dich womöglich, was sollen denn das für besondere Kräfte sein? Doch dann erinnerst du dich daran, dass du das ja noch gar nicht wissen kannst.
Das lichtvolle Wesen aus dem Feuer gibt nun die Lichtkugel, die es trägt, an einen der Ahnen weiter. Dieser nimmt die Lichtkugel zwischen seine Hände und segnet sie. Und nun strömt reine Lichtkraft aus diesem Ahnen heraus, die Kugel wird größer, der Ahn wird immer heller. All diese Helligkeit strömt in die Energiekugel, sie schimmert überirdisch schön in allen Farben. Nach einer kleinen Weile gibt der Ahn die Kugel an das neben ihm sitzende Lichtwesen weiter. Auch dieses segnet die Lichtkugel, lässt Kraft hineinströmen, und so geht es reihum. Jeder deiner lichtvollen Ahnen segnet die Kugel und lässt Lichtkraft hineinströmen, genau die guten Eigenschaften, die Segnungen, die zu deiner Ahnenlinie gehören. Immer größer wird diese Lichtkugel, und du spürst ihr Vibrieren, ihre immense Kraft schon jetzt. Sie kommt näher, nun hält sie der neben dir sitzende Ahn in den Händen. Sie ist wirklich überirdisch gleißend und strahlend, dabei so sanft, dass du dich nach ihrem Licht sehnst, in ihm versinken möchtest. Der Ahn neben dir segnet die Lichtkugel und lässt seine Kraft hineinfließen, wie das alle anderen im Kreis auch getan haben. Vielleicht kennst du den Ahn neben dir, vielleicht auch nicht. Jetzt wendet er sich dir zu, du streckst deine Hände aus und nimmst diese Lichtkugel, die jetzt sehr groß geworden ist, in Empfang. Augenblicklich strömt all diese Lichtkraft in dich hinein, einfach so, du saugst sie wie ein Schwamm auf. Die Kraft strömt in alle Organe, in alle Auraschichten, in dein Denken, dein Fühlen, in alle Zellen und in die Räume zwischen den Zellen. Deine Aura blitzt auf, und alles, was ab sofort nicht mehr zu dir gehört, wird durch diesen Lichtblitz aus dir herausgeschleudert. Du atmest auf, und es ist, als seiest du neugeboren. Du weißt noch nicht, wie sich

dieser Ahnensegen in deinem Leben zeigen wird, doch das brauchst du auch nicht zu wissen. Du wirst es erleben. Wenn du Kinder hast, auch Nichten oder Neffen, dann lasse nun diese Lichtkraft und diesen Segen auch zu ihnen strömen. Denn auch du bist ein wichtiger Ahn, wenn es Nachfahren gibt.

Bleibe noch am Feuer, im Kreise der erleuchteten Ahnen sitzen, und erkenne: Egal, wie schwer du auch an Lasten getragen hast und das vielleicht auch noch tust, du gehörst dazu. Gerade weil du die Lasten bewusst auf dich genommen hast, um sie in die Erlösung zu bringen, gehörst du zum Kreis der erleuchteten Ahnen.

»Wir sind immer für dich da«, nimmst du die Stimmen der Ahnen in dir wahr, »du kannst uns jederzeit um Kraft, Hilfe und um Rat bitten Wir sind hier und warten darauf, durch dich zu wirken.«

Bleibe so lange am Feuer sitzen, wie es sich für dich gut anfühlt. Du kannst jederzeit hierher zurückkehren, es ist ganz einfach. Gehe dann durch dein Tor wieder hinaus in die Welt, doch wisse: Ein Teil von dir sitzt von nun an als erleuchteter Ahn mit am Feuer und schenkt dir und deinen Nachfahren Kraft und Segen.

Für diese Imagination kannst du auch den Rat der Engel, die zu dir gehören, ans Feuer bitten, damit sie dir Kraft geben – oder all die anderen Wesenheiten und Energiewesen, mit denen du in gutem Kontakt bist und die zu dir gehören. Sei bitte ganz offen dafür, was »Ahnen« sind. Es müssen keine leiblichen Vorfahren sein. Die Menschen, die vor dir auf der Erde waren und dir den Weg bereitet haben, gehören zu deinen Ahnen. Deine Sippe, dein Volk, die Priester deines Tempels, sogar die gesamte Menschheit und eventuell sogar dich selbst in vergangenen Inkarnationen könntest du als

»Ahnen« bezeichnen. Fasse den Begriff so weit, wie er dir dienlich erscheint. Auch deine Sternenfamilie gehört zu deinen Ahnen, deine Ahnen müssen nicht menschlich sein, nicht einmal stofflich. Es gibt Menschen, die ihre Drachenfamilie ans Feuer bitten – was hilft, gilt!

Auch die dritte Ahnenreise hält ein Geschenk für dich bereit. Dazu darfst du dich erinnern: Jedes Schicksal, egal, wie schwer oder ungerecht es auch erscheinen mag, ist letztlich eine Frage der Seele an das irdische Leben, an das Menschsein. Diese Frage könnte lauten: Wie schaffe ich es, im Frieden mit dem zu sein, was ist, egal, was mir passiert? Oder: Wie fühlt sich dunkle Magie an? Wie kann ich bedingungslos lieben? Wie kann ich mein eigenes Licht halten, obwohl es um mich herum dunkel ist? Wie kann ich mich an die allwährende Verbindung mit allem erinnern, obwohl ich auf der Erde Trennung erlebe?

Und so weiter. Es gibt so viele Fragen an das irdische Leben, wie es Seelenfamilien gibt, und jede Ahnenlinie erforscht ein bestimmtes Thema. Dass das nicht mit einer einzigen Inkarnation getan ist, kann man sich leicht vorstellen, und so gehörst du zu einer Gruppe von Forschern, die sich alle dem gleichen Projekt verschrieben haben. Ihr untersucht eine Lebensfrage – und das seit Jahrhunderten, Jahrtausenden. Immer neue Aspekte kommen ans Licht, und dabei entsteht Bewusstsein – auf menschlicher, aber auch und besonders auf seelischer Ebene.

Es wird Zeit für eine neue Frage, ein neues Forschungsprojekt. Denn die Seele erlangt nach und nach ein Bewusstsein dafür, dass sie Schöpferin der Umstände ist, die du als Mensch erlebst. Letztlich geht es auch genau darum: Die Seelenebene entwickelt Bewusstsein darüber, wie sich das, was sie erschafft, auf menschlicher Ebene, also emotional, physisch und mental, auswirkt. Glaube das oder nicht, es spielt keine große Rolle – nimm es als Hypothese, als Arbeitsgrundlage. Weißt du, es ist mir ziemlich gleichgültig, ob du an spirituelle Welten glaubst oder nicht. Wenn du all die Ebenen, die ich beschreibe, einfach als bestimmte Bereiche im Gehirn anerkennst, dann reicht das schon. Dass es ein spirituelles Zentrum im Gehirn gibt, das weiß man, es ist erforscht. Ob diese spirituelle Wahrnehmung auf einer echten Wahrheit basiert oder nicht – nun, wir alle haben nur unser Gehirn und können es nicht sicher wissen. Denn wir alle nutzen ja das gleiche physische, menschliche Instrument, um die Wahrheit und die Wirklichkeit zu erfassen: unsere Wahrnehmung, eben unser Gehirn. (Alles, was du spürst, sei es im Herzen, im Bauch oder in den höchsten Chakren, äußert sich letztlich durch elektrische Impulse im Gehirn, natürlich, sonst würdest du es auf physischer Ebene nicht wahrnehmen.) Ob alles, was wir innerlich erleben, so stimmt – nun ja. Was ich dir aber versprechen kann: Diese inneren Reisen ändern deine Wahrnehmung, die Verschaltungen im Gehirn ändern sich, dein Emotionalhirn macht neue Erfahrungen, und du wirst freier und selbstbestimmter. Und nur darauf kommt es mir an.

Die neue Frage also, die sich unsere Seelen langsam stellen sollten, ist folgende, und sie betrifft die Schöpferebene, nicht das Menschsein:

Wie kann ich aufhören, Leid zu erschaffen?

Die Antwort darauf ist ganz einfach:

Erkenne an, dass du das Leid durch deine spirituelle Lebensfrage selbst erschaffst, und stelle eine andere Frage. Gib dem Menschen, der du bist, einen anderen Seelenauftrag. Du hast die Wahl.

Wir haben uns auf Seelenebene bislang viel zu wenig dieser Lebensfrage gewidmet: Wie kann ich als Mensch glücklich und erfüllt im Einklang mit allem leben? Das Forschungsprojekt »Erfülltes und seliges Menschsein erleben« steht auch noch aus, soweit ich informiert bin. Es ist nicht heiliger oder irgendwie reifer, das Unglück und das Leid zu erforschen, statt sich der spirituellen Glücksforschung zu widmen. Natürlich waren all die Erfahrungen wesentlich, um zu erleben, wie sich Energien in Handlungen und in Gefühlen darstellen: E(nergie) in motion (Bewegung): Emotion.

Aber wie fühlt sich Glück an? Wie ist es, das höchste Potenzial zu entwickeln, sich geliebt zu fühlen, erwünscht, gewollt? Wir dachten, wir müssten lernen, uns über widrige Umstände hinwegzusetzen, unser Licht dennoch leuchten zu lassen. Dabei haben wir auf seelischer Ebene völlig unterschätzt, wie sich menschliches Leid anfühlt und wie stark und lebensbestimmend unsere Gefühle sind. Wir haben versucht, unsere Gefühle zu kontrollieren, doch da waren wir eben mit Kontrolle beschäftigt statt mit dem Fühlen. Von Erfüllung war immer noch weit und breit keine Spur.

Es wird Zeit für einen neuen Seelenplan, ein ganz neues Forschungsprojekt. Weil wir verstanden haben, dass wir auf der Erde Leid erleben, wenn wir es erschaffen, auch dann, wenn die Seelenaufgabe heißt »Erhebe dich über das Leid« – wenn wir das verstanden haben, dann können wir endlich das, was wir auf der Erde entwickeln wollten, gleich selbst erschaffen. Verstanden? Ja? Wunderbar. Nein? Das macht nichts. Folge mir bitte dennoch auf die nächste innere Reise, dadurch wird bestimmt vieles klarer.

Übung: Das Geschenk der Erkenntnis

Du machst es dir bitte wieder bequem, entspannst dich. Stelle dir ein Tor vor, das du mühelos durchschreitest. Hinter dem Tor findest du eine Landschaft, in der du dich vollkommen sicher und wohlfühlst. Du gehst spazieren und bemerkst in einiger Entfernung ein riesiges Lagerfeuer. Darum herum sitzen Wesenheiten, die du schon kennst oder die dir ganz fremd sind. Wer immer da sitzt, du weißt, es sind genau die richtigen Ahnen und Wesenheiten, egal, ob du sie kennst oder nicht.

Du gehst auf das Feuer zu und bemerkst, dass ein Platz am Feuer noch frei ist. Dieser Platz ist wundervoll geschmückt, gerade so, als wäre er für jemanden reserviert, der sehr wichtig und bedeutungsvoll ist. Du gehst weiter – auf einmal erscheint aus dem Feuer heraus eine Wesenheit. »Dieser freie Platz ist deiner«, sagt diese Wesenheit, und du wunderst dich vielleicht, doch du entscheidest dich, die Einladung anzunehmen.

Du setzt dich auf den weichen, liebevoll dekorierten Platz und fühlst dich augenblicklich wohl und entspannt.

»Du trägst für deine Ahnenreihe ein schweres Schicksal, eine Frage an das Leben«, sagt dir die Wesenheit, und du nickst, das weißt du bereits. Hast du dieses Schicksal nicht schon abgegeben, ist es nicht bereits in der Erlösung?, fragst du dich.
»Ja und nein«, antwortet dir die Wesenheit auf deine stumme Frage, »wir gehen heute einen Schritt weiter. Es wird Zeit für eine echte Transformation, für echten Bewusstseinswandel. Denn jedes Schicksal, jede Lebensfrage, alles, was du trägst, birgt eine Erkenntnis, einen lichtvollen Kern.«
Auf einmal weißt du, was zu tun ist. Du hältst die Hände vor dich und erlaubst, dass alles Schwere, das du noch immer trägst, aus dir herausströmt und zwischen deinen Händen einen Energieball bildet. Er wird größer und schwerer, und wie du es bereits kennst, gibst du diesen Energieball an den neben dir sitzenden Ahn weiter, damit auch er das, was er trägt, in diesen Energieball hineinfließen lassen kann. Es mag sein, dass sich dieser Energieball anders anfühlt als der, den du bereits losgelassen hast. Der Energieball wird im Kreis von einem Ahn zum anderen weitergereicht, und besonders die Depression und alles, was damit zusammenhängt, strömt aus den Ahnen heraus. Es kann gut sein, dass aus einigen Ahnen Schuld und Scham herausströmen, sie sind oft die Ursache für eine Depression der späteren Generationen. Auch wenn du selbst diese Depression nicht trägst, so bist du doch Teil des Systems, denn du leidest ja mit unter der Krankheit. Womöglich spürst du, dass du genau deshalb darunter leidest. Eben damit du sie in die Erlösung bringen kannst – viel besser als der Depressive selbst, der vielleicht einfach zu schwer, zu belastet ist, um diese Arbeit tun zu können. Reihum geht die schwere Last, jeder lässt seinen Teil hineinfließen. Auch die, die unter der Krankheit leiden, ohne davon selbst betroffen zu sein, lassen ihre Schwere in die Energiekugel strömen.

Irgendwann ist diese Energiekugel einmal um das Feuer herumgegangen. Die Energiekugel ist jetzt sehr groß und sehr schwer. Der Hüter der Ahnenreihe, das Wesen, das aus dem Feuer entstanden ist und dir den Platz zugewiesen hat, nimmt nun diese sehr schwere Kugel – doch statt sie in Feuer zu werfen, hält er sie vor sein Herz. Die schwere Last löst sich auf, strömt in sein Herz hinein, es ist, als verschmelze der Hüter der Ahnenreihe mit dieser Last. Das Herz leuchtet auf, und auf einmal strömt aus dieser Wesenheit ein Licht. Das Licht bildet eine Lichtkugel, es ist das Licht der Erkenntnis, des Bewusstseins. Der Hüter der Ahnenreihe reicht dir diese sehr helle Lichtkugel, und du nimmst sie in dein Herz auf. Möglicherweise verändert sich ganz plötzlich deine Sicht der Dinge, doch vermutlich wird diese Veränderung einige Zeit in Anspruch nehmen. Beides ist richtig und gut. Die Ahnen erheben sich, verneigen sich vor dir. Warum bekommen sie nicht die Kugel der Erkenntnis, fragst du dich, doch du weißt auf einmal, dass es vollauf genügt, wenn du sie bekommst. Durch dein Verstehen, durch deine veränderte Sicht der Dinge strömt Erkenntnis in all deine Ahnen, ganz wie von selbst.
Die Ahnen kehren heim ins Licht, steigen auf, sind auf einmal verschwunden, an einen guten Ort, das weißt du genau. Du bleibst noch am Feuer sitzen, spürst nach, ruhst dich aus. Der Hüter des Feuers und deiner Ahnenreihe verschmilzt wieder mit dem Feuer und wärmt dich. Frieden entsteht in dir, Frieden und Erkenntnis.
Bleibe so lange am Feuer, wie es für dich stimmig ist, und komme dann in deiner Zeit in den Raum zurück, in dem du dich befindest.

Wie oft solltest du diese inneren Reisen durchführen? So oft wie nötig. Denn die Lasten, die erlöst werden wollen, sind schichtweise im Unterbewusstsein eingebrannt. Du wirst immer so viel erlösen und damit auch wahrnehmen, wie es für dich und auch für deine Ahnen gerade möglich ist.

Spirituelle Selbstverantwortung – wozu hast du diese Erfahrung gewählt?

»Hab ich gar nicht, geht's noch?«, fragst du mich vielleicht zurück, und das verstehe ich natürlich. Wer entscheidet schon freiwillig, sich so schwer und müde zu fühlen und sein eigenes Leben manchmal geradezu zu opfern?

Dennoch können wir uns nur selbst heilen, nicht den anderen. Und so ergibt diese Frage Sinn, denn sie gibt dir Handlungsspielraum. Du kommst aus der Opferrolle heraus, in der du auch als Angehöriger hängst, und findest dich selbst als Schöpfer deiner Umstände wieder. Wenn du deine Umstände einmal erschaffen hast, dann kannst du sie auch ein zweites Mal erschaffen, oder? Dazu dürfen wir die Bewusstseinsebene wechseln, denn das »Erschaffen« funktioniert nur auf der seelischen Ebene, wenn du ernsthaft etwas ändern willst. Gedanken zu verändern reicht nicht, wenn du deine Seelenabsicht nicht änderst. Es ist bereits ein großer, wesentlicher Schritt, wenn du beginnst, anders über die Dinge zu denken, überhaupt zu erkennen, dass du die Wahl hast, welche Gedanken du denkst. Natürlich kommen die kleinen, angsterfüllten Gedanken dennoch. Aber du darfst und kannst ihnen bewusst kühne, gesunde Gedanken entgegensetzen.

Warum? Weil angsterfüllte Gedanken im Stammhirn ihren Ursprung haben. Kühne, große Gedanken dagegen werden im Vorderhirn gebildet, und hier ist der Sitz der echten, kreativen Lösungen und deiner bewussten

Spiritualität. Du wechselst also, indem du mutige, gesunde Gedanken denkst, den Ort, von dem aus dein Gehirn gerade agiert und Impulse gibt.

Die Schamanen gehen so weit, Gedanken als Wesenheiten zu bezeichnen, was für mich Sinn ergibt. Auch wenn du meinst, es seien nur elektrische Impulse, was ja auch stimmt, kann es doch hilfreich sein, Bildersprache zu nutzen. Es gibt die unbewussten, lästigen klammeraffenartigen und die großen, leuchtenden, weisen Gedankenwesen.

Eine Affirmation, die mir schon sehr oft beste Dienste geleistet hat, ist von Louise L. Hay, eine der besten Lehrerinnen, die ich kenne. Mit dieser Affirmation kann man die Klammeraffen gut wegschicken.

Sie sagt sinngemäß: Wenn du etwas in deinem Leben hast, das du nicht mehr haben willst, dann erkenne zunächst an, dass es in dir ein Bedürfnis nach dem unangenehmen emotionalen Zustand gibt, den dieses Ereignis immer wieder auslöst.

Übung: Das Bedürfnis nach Schmerz loslassen

Es gibt in dir laut Louise L. Hay also ein Bedürfnis, dich über die Maßen aufzuopfern und dich immer wieder in das ungesunde, schwere Energiefeld eines anderen hineinziehen zu lassen.
Das klingt absurd. Aber das macht nichts. Nehmen wir es einfach einmal als gegeben hin, als Arbeitsgrundlage, selbst wenn du es für Unsinn hältst.

Wenn du also ein Bedürfnis hast, dich schlecht zu fühlen, dann kannst du doch auch bereit werden, dieses Bedürfnis aufzugeben, oder?
Welches Bedürfnis könnte hinter all dem stecken, worunter leidest du am meisten? Opferst du dich über die Maßen auf? Fühlst du dich in erster Linie immer wieder völlig hilflos? Steckst du in Todesangst um deinen Liebsten, gar um dein Kind?
Mache dir die Mühe herauszufinden, welches Thema dich am schwersten plagt. Denn jede Depression ist anders, und jeder setzt andere emotionale Schwerpunkte. Es ist wirklich wichtig, dass du dir selbst auf die Spur kommst und genau erkennst, unter welchem Gefühl, welchem Zustand du am meisten leidest. Was berührt dich am tiefsten? Die Selbstaufgabe? Die ständige Ablehnung? Die Hilflosigkeit, die Hoffnungslosigkeit? Deine Wut, die Angst um den anderen? Womöglich bist du geradezu süchtig nach Schuldgefühlen? Und dieses Thema nutzen wir für die Affirmation:

»Ich bin bereit, das Bedürfnis nach Selbstaufopferung (Todesangst, übermäßiger Sorge und Fürsorge, Machtlosigkeit, Schwere, Trauer, Wut, Schuldgefühlen ...) aufzugeben.«

Das sage dir selbst bitte immer wieder. Laut. Besonders, wenn du dich ganz akut als Opfer der Krankheit des anderen fühlst. Also genau dann, wenn du dich selbst mit hineinziehen lässt. Du öffnest dich damit für neue Wege und neue Sichtweisen, kommst aus deiner eigenen Schwere und Hoffnungslosigkeit heraus. Ich bin sicher, du erlebst eine ähnliche Erleichterung wie ich, wenn ich die Verantwortung für meinen eigenen Zustand wieder zu mir zurücknehme. Klammeraffengedanken können es gar nicht leiden, wenn man die Verantwortung für den eigenen Zustand übernimmt, denn dann werden sie erkannt. Und schon das Erkennen löst ihren Griff.

Du leidest unter der Krankheit deines Angehörigen, doch du hast einen entscheidenden Vorteil: Du bist eben nicht krank. Du hast die Fähigkeit, die dem Depressiven abgeht. Du bleibst auch in der Schwere, in der Hoffnungslosigkeit handlungsfähig. Da, wo der geliebte Kranke nur noch gegen die Wand schaut oder sich in sich selbst einschließt (Handlungsunfähigkeit gehört nun einmal zur Depression), kannst du immer noch umschalten und nach vorn sehen, lösungsorientiert denken und handeln. Und das macht einen gewaltigen Unterschied.

Ein Depressiver kann das nicht. Deshalb nutzen diese Hinweise nur dann etwas, wenn du eben nicht unter einer Depression leidest. Du könntest sie sonst gar nicht umsetzen. Eben das macht uns als Zuschauer ja so verrückt.

Gehen wir einen Schritt weiter in unserer Selbstverantwortung: Wenn wir einmal annehmen, dass wir auf höheren Ebenen Schöpfer unseres Lebens sind, dass unsere Seele Erfahrungen machen will, um sich selbst weiterzuentwickeln, dann dürfen wir die Frage stellen: Wozu dient dir die Krankheit des Systems, was lernst du daraus, wie kannst du Stroh zu Gold spinnen? Denn eine Depression ist, auch wenn sie klinische Ursachen hat, zumeist eine Krankheit des ganzen Familiensystems, zumal sie erblich ist. Geht es um deinen Partner, dann seid ihr zwar nicht verwandt, aber du hast dennoch dieses System für dich gewählt, und damit bist du Teil davon.

Was könnten Antworten auf die Frage nach dem Sinn sein? In Einzelsitzungen höre ich diese Sätze:

- »Meine Seele wollte lernen zu lieben, bedingungslos.«
- »Ich wollte lernen, was Gefühle sind.«
- Oder auch: »Ich bin hier, um das System zu erlösen. Warum? Weil ich es kann.«

Vielleicht trifft eine Antwort auf dich zu, vielleicht nicht. Finde deine eigene Antwort. Denn nur wenn du sie kennst, kannst du dich anders entscheiden.

Dazu biete ich dir hier eine Übung an.

Übung: Radikale Selbstverantwortung übernehmen

Warum radikal? Weil das »von der Wurzel her« heißt (Wortstamm: Radix), und genau darum geht es.

Lasse dir diesen Text bitte vorlesen, und stelle dir die Bilder dabei vor.

Erlaube dir, zur Ruhe zu kommen und dir fünfzehn Minuten Zeit für dich selbst zu nehmen. Es gibt für den Moment nichts mehr zu tun, du brauchst niemandem zu gefallen und für niemanden zu sorgen. Erlaube dir, in deiner Vorstellung durch ein Tor zu gehen, einen Rosenbogen oder ein Schlossportal. Es darf ein wunderschönes Tor sein, denn du betrittst nun ein ganz besonderes Reich – das Reich deiner Seele. Du wunderst dich vielleicht, weil du deinen Körper dabeihast, doch auch er gehört zu dir und darf das Reich deiner Seele erleben und erkunden. Du gehst einen zauberhaften, mit Blumen gesäumten Weg entlang und kommst zu einer Treppe. Sie führt nach oben, und du kannst sie ganz leicht gehen. Die Stufen sind alle unterschiedlich, einige schimmern und glänzen golden, andere sind aus Stein gehauen und scharfkantig. Letztere sind die schweren Momente in deinem Leben, denkst du, und du bist voller Hochachtung und Anerkennung für dich, dass du diese Stufen gemeistert hast. Je höher du gehst, desto mehr wunderst du dich: Du hast so viele schwere Momente in deinem Leben gehabt und hast sie noch, deshalb gehst du ja diese Stufen hoch. Doch es gibt nur sehr wenige kantige Felsenstufen, die meisten sind glatt poliert, bunt schimmernd und funkelnd, als wären sie aus Edelsteinen gefertigt. Du gehst immer höher, bis du vor einem zweiten Tor stehst. Auf einmal erklingen wunderschöne Töne, und das Tor öffnet sich weit. Strahlendes Licht ergießt sich über dich, und eine Lichtgestalt steht vor dir.

»Ich bin dein unverletztes Selbst«, sagt diese Lichtgestalt, »ich bin, was du wärst, wärst du nicht so sehr verletzt worden.« Du fragst nach den Stufen, weil du dein Leben so gar nicht bunt und funkelnd erlebst.

»Die Stufen entstehen aus der Liebe, die durch dich auf die Erde und zu den Menschen, Tieren und Pflanzen fließt«, sagt das Wesen, und du bist tief berührt. »Immer, wenn du aus Liebe handelst, entsteht eine wunderschöne neue Stufe. In jedem Leben entsteht eine neue Treppe, und es geht immer nur um Liebe. An den Stufen erkennt die Seele, wie viel Liebe sie als der Mensch, der sie ist, fließen lässt.«

»Aber warum ist mein Leben so schwer?«, wagst du zu fragen, hier oben scheint alles so logisch und einfach zu sein. »Muss es so schwer sein, damit ich besonders viel Liebe nach außen gebe?«

Das erscheint dir stimmig, aber nicht ganz. Denn was ist mit dir selbst?
»Wird Selbstaufopferung hier oben als Liebe wahrgenommen?«, traust du dich zu fragen, es ist ja deine eigene Seele, so findest du den Mut.
»Nein. Dass dein Leben so schwer ist, hat nichts damit zu tun, dass du viel Liebe verwirklichen willst, das kannst du auch, wenn du dein Leben lang nur am Meer sitzt und den Walen und Delfinen zuschaust. Es gibt keine Abstufungen von Liebe, sie wird nicht wertvoller, wenn es dir schlecht geht und wenn sie schwieriger zu leben ist. Liebe ist immer Liebe. Du hast selbst gewählt, in diese Situation hineingeboren zu werden. Aber nicht, um Liebe zu verwirklichen, das kannst du auch leichter haben. Sondern weil du es kannst. Weil du die Seele des anderen daran erinnerst, dass auch sie in Wahrheit lichtvoll und heil ist, wenn sie es vergessen hat.«
Das Lichtwesen berührt dich, und ein Strom deiner eigenen Essenz strömt in dich ein. Du selbst, das, was du in Wahrheit bist. Und auf einmal verstehst du alles. Du hast diese Erfahrung selbst gewählt, weil du den anderen so sehr liebst. Und weil du nicht die geringste Ahnung hattest, wie schwer sich diese Erfahrung auf der Erde anfühlen würde! Denn hier oben, im unverletzten Selbst, spürst du die Lasten nicht. Du spürst nur die Schönheit der Aufgabe, einer Seele die Erinnerung an ihr eigenes Licht zu ermöglichen. Du erkennst, dass du dein eigenes Menschsein vergessen hast, dass du vergessen hast, dass du ja all diese Schwere auch aushalten musst! Es ist nichts Heroisches daran, zu leiden, zu trauern und wütend zu sein, wird dir klar, es macht deine Liebe nicht besser oder reifer. Und doch geht es um Reifung, das erkennst du jetzt. Doch in Wahrheit will dein eigenes hohes Selbst reifen, der Teil in dir, der die Entscheidungen darüber trifft, was du auf der Erde erlebst.

Das unverletzte Lichtwesen, das du selbst bist, führt dich nun in einen Raum, der ganz und gar aus weißem Licht besteht. Du löst dich beinah auf, und alles, was noch schwer ist, fällt von dir ab. Gerade so kannst du deine Körperform noch erahnen. Dein Bewusstsein öffnet sich so weit, wie es dir überhaupt nur möglich ist. Und auf einmal erkennst du: Die Aufgabe ist zu schwer. Du kannst einem anderen Menschen nicht die Fackel halten, damit er sich an sein Licht erinnert, wenn du selbst fast in der Dunkelheit versinkst. Tiefes Mitgefühl mit dem Menschen, der du bist, überkommt dich, und du siehst dich auf einmal in einer ganz besonders schwierigen Situation auf der Erde, einer Situation, die du tatsächlich so erlebt hast.

Du siehst, wie sehr dieser Mensch versucht, der Dunkelheit zu widerstehen, wie sehr er liebt und wie traurig er doch ist. Noch einmal erkennst du, dass die Qualität von Liebe nicht erhöht wird, wenn es schwierig ist, sie zu spüren. Du weißt aber auch, dass viele auf der Erde so denken.

Sende nun von dieser hohen Ebene aus weißes Licht in die Situation von damals hinein, schicke dir selbst so viel Licht und Mitgefühl, wie du nur kannst. Schicke dir vor allem die Erlaubnis, nun in Leichtigkeit und Freude lieben zu dürfen. Liebe wird nicht heiliger, wenn die Umstände schwierig sind, das wird dir immer klarer. Die Stufen der Liebe, die du erschaffst, dürfen leicht zu erschaffen sein. Und plötzlich weißt du, wozu diese ganze Schwere und die Last gedient haben, wozu du sie dir erschufst: Du wolltest lernen, unter allen Umständen zu lieben. Nun, jetzt hast du bewiesen, dass du es kannst. Doch eines fehlt: Du darfst lernen, auch und besonders dich selbst unter allen Umständen zu lieben.

Und das geschieht jetzt.

Auf einmal fühlst du dich wieder auf der Treppe, du stehst auf einer der scharfkantigen Stufen. Du weißt jetzt, in welcher Situation sie entstanden ist – es war eine Situation, in der du sehr einsam warst und keine Liebe spürtest, vor allem nicht zu dir selbst.
Sieh die schwierige Situation, in der diese Stufe entstanden ist. Sieh dich als Mensch in dieser verzweifelten Lage. Und dann stelle dir vor, du gehst als der Mensch, der heute diese Imagination durchführt, mit in die Situation hinein. Du bist jetzt also zweimal da, einmal verzweifelt als der Mensch von damals und einmal helfend als der Mensch von heute. Nimm dich selbst in den Arm, und führe dich aus dieser Situation heraus. Sage dir selbst: »Ich bin bei dir, ich halte dich, ich liebe dich, ich sorge für dich.« Tue für dich selbst also genau das, was du so großartig für deinen kranken Angehörigen tust. Gib dem Menschen von damals, was er braucht, Trost, Halt, Kraft. Versprich dir selbst, von nun an viel besser auf dich aufzupassen und nicht mehr zu erlauben, dass du dich so einsam fühlst. Das brauchst du auch nicht, denn jetzt bist du ja da, du kannst nun für dich selbst einstehen.
Plötzlich verwandelt sich die Treppe: Die felsigen Stufen werden nun auch glatt und bunt. Du verstehst, dass du jederzeit wählen darfst, ob du für dich selbst da bist oder nicht, dieses Recht darf und kann dir niemand jemals verwehren. Das ist nur deine Entscheidung. Weil du nun weißt, dass deine Liebe nicht geadelt wird, wenn es dir schlecht geht, denn Liebe ist sowieso königlich, darfst du dir selbst erlauben, es dir leichter zu machen.
Du bleibst noch eine Weile in dem weißen Licht und ruhst dich aus. Dein unverletztes Selbst gibt dir so viel Energie, wie das heute für dich möglich und sinnvoll ist. Du weißt, du kannst jederzeit wieder hierherkommen und dir selbst von hier aus Liebe und Mitgefühl

schicken. Vor allem aber darfst du dafür sorgen, dass es dir selbst besser geht, und viel mehr auf dich achten.
Irgendwann gehst du durch das Tor zurück, steigst die Stufen hinab, gehst den Weg entlang und kommst durch das erste Tor wieder zurück in den Raum, in dem du dich befindest. Zu lieben darf nun ganz leicht und vergnüglich sein. Und ganz besonders leicht darf es sein, dich selbst zu lieben.

Wozu dient eine Depression, welchen Sinn hat sie? Ist es überhaupt sinnvoll, sich diese Frage zu stellen? Für einige nicht, für mich schon. Denn ich kann nur dann in Frieden mit etwas kommen, wenn ich mir zumindest einbilde, verstanden zu haben, wozu es gut sein soll.

In der nächsten Übung nehmen wir Kontakt mit der Depression auf und erkunden ihre Beweggründe. Wir behandeln sie, als wäre sie eine Wesenheit, damit wir sie besser handhaben können. Wir Menschen sind soziale Wesen, und es fällt uns üblicherweise leichter, eine Beziehung zu einem Wesen aufzubauen, statt abstrakt zu denken. Warum? Weil wir in erster Linie Gefühlswesen sind. Unsere erste Erfahrung war die einer sehr engen Beziehung, der im Mutterbauch. Wir nahmen diese Beziehung mit allen Sinnen wahr und waren vollkommen abhängig davon, dass unsere Beziehungspartner, also unsere Eltern, ebenfalls eine enge, fürsorgliche Beziehung mit uns eingingen.

Der Teil des Gehirns, der für das Führen von Beziehungen zuständig ist, ist viel älter als der des abstrakten Denkens und funktioniert bei den meisten Menschen viel automatischer. Gehen wir also eine Beziehung mit der Depression eln, zumindest für eine kleine Weile, um sie kennenzulernen. Noch einmal: Warum tun wir das? Weil wir sowieso eine Beziehung mit dieser Depression führen. Sie bestimmt unser Leben maßgeblich, und deshalb ist es sinnvoll, ihr ins Gesicht zu schauen. Nicht für den Erkrankten, sondern um unseren eigenen Frieden mit ihr zu machen.

Dazu nutzen wir ein Werkzeug der Gestalttherapie, weil es sich bewährt hat und gut funktioniert.

Übung: Kontakt mit der Depression aufnehmen
Technik: Der leere Stuhl

Du brauchst für diese Übung zwei Stühle (oder zwei Kissen) und etwas zu schreiben. Stelle die Stühle in einem für dich stimmigen Abstand einander gegenüber. So wenig du auch mit der Depression zu tun haben willst, es wäre schon sinnvoll, wenn sich die Stühle im gleichen Zimmer befänden.
Einer der Stühle steht nun für dich, der andere für die Depression als Krankheit, als Wesenheit, als das, was sie ist. Eine Depression hat wie jede Krankheit sehr viele Schichten und Aspekte: physische, mentale, spirituelle, emotionale und vielleicht noch ein paar mehr.

Die Stühle stehen nun einander gegenüber. Setze dich bitte zunächst auf den Stuhl, der für dich steht. Nimm wahr, wie es dir geht und wie du dich selbst in Bezug auf die Depression wahrnimmst. Schreibe das ungefiltert auf, damit du es nicht vergisst. Oder stelle dir ein Aufnahmegerät dazu, und sprich laut aus, was du wahrnimmst. Gib dir bitte eine Chance, alles Wahrgenommene noch einmal nachzulesen oder abzuhören. Es ist manchmal sehr beeindruckend, wie wenig das, was du auf dem einen Platz sagst, auf dem anderen überhaupt ankommt. Vielleicht bist du wütend oder hilflos, vielleicht auch überraschend neutral. Sei ehrlich, rede dir nichts schön, alles darf so sein, wie es ist. Mir geht es nicht darum, dass du dich gut fühlst, sondern darum, dass du dich fühlst. Das Gutfühlen ist die Folge davon, dass du in echtem, aufrichtigem Kontakt mit dir bist.

Ich erlebe das so:

Ich sehe die Depression mir gegenüber, und ich spüre sie als riesiges schwarzes Loch, wie ein überdimensionaler Energiefresser. »Halte dich fern«, höre ich eine Stimme in meinem Kopf. Gleichzeitig spüre ich, dass ich, wenn die Depression ein Teil meines Lebens ist, sehr bewusst mit meiner Lebensenergie umgehen muss. Ich erkenne, wie viele sehr lebendige und bunte Aspekte in meinem Leben wirken, wie viel Schönes ich geschaffen und geschenkt bekommen habe. Ich erkenne, dass ich mich sehr bewusst auf die lebendigen, lichtvollen, bunten Seiten meines Lebens konzentrieren darf und muss, gerade weil diese Depression so nah ist. Sie ist einfach da, so erlebe ich sie, sie streckt nicht ihre Arme aus, sondern ich wähle, ob ich mich auf die lichtvollen Seiten konzentriere und dort meine Energie hineingebe oder ob ich ihr folge.
Ich bin nicht depressiv, als Kranker hast du diese Wahl nicht, das ist mir sehr klar. Aber sie wirkt ja nun einmal auch in meinem Leben als Angehöriger.

Sage nun der Depression, wie du in Bezug auf sie fühlst.

- »Ich bin so wütend auf dich«.
- »Du machst mir solche Angst.«
- Oder auch: »Du zerstörst mein ganzes Leben.«

Sage es ihr bitte ungeschminkt und ehrlich, du musst keine Sorge haben, jemanden zu verärgern oder gar etwas zu manifestieren, indem du es laut aussprichst. Es stimmt ja sowieso, egal, ob du es zugibst oder nicht. Sei bitte so ehrlich wie möglich, und je dichter du an deinem wahren Gefühl dran bist, umso heilsamer ist diese Übung.

Hast du alles gesagt, dich ausgesprochen, warst du ganz ehrlich, so stehe bitte auf.

Setze dich jetzt auf den Platz der Depression, und nimm ganz unvoreingenommen wahr, wie sie sich anfühlt, welche Absichten sie hat, welche Eigenschaften, ja, sogar welches Bewusstsein, wenn du das kannst. Lasse sie wirken, egal, was passiert, damit du ihr Wesen zu verstehen lernst. Die Depression darf so sein, wie sie ist, du erforschst sie und lernst sie kennen. Sei bitte wie ein Forscher, nicht wertend, nicht verändernd, sondern einfach forschend. Schreibe auch diese Botschaften auf, es kann sein, dass du sie, wenn du dich gleich wieder auf den anderen Platz setzt, schon wieder vergessen oder sogar nicht einmal gehört hast!
Gibt es hier den Impuls, deinem Gegenüber im Namen der Depression, die du ja jetzt verkörperst, etwas zu sagen, so sprich es laut aus. Sei aber auch hier ganz ehrlich, sage nichts, von dem du meinst, es könnte helfen, sondern sage das, was du auf diesem Platz zu sagen hast. Es geht hier nicht um Veränderung und Vermittlung, sondern um echte Kommunikation und die Beziehung zwischen diesen beiden Plätzen.

Ich erlebe den Platz der Depression so:

Ich bin tatsächlich wie ein schwarzes Loch. Kennst du das Buch »Die unendliche Geschichte« von Michael Ende? Darin wird eine Fantasiewelt beschrieben, die durch die bewussten Träume der Menschen belebt wird. Doch weil die Menschen nicht mehr träumen, keine Fantasiewelten mehr erschaffen, greift das sogenannte Nichts um sich und löscht diese Fantasiewelt aus. So fühle ich mich auf diesem Platz, wie dieses Nichts. Es ist etwas anderes als der Tod, es ist einfach ein Nichts. Ich erlebe auf diesem Platz, dass selbst der Tod sehr energievoll ist, ein Teil des Lebens, einfach ein weiterer Abschnitt, doch hier herrscht die Abwesenheit von allem. Ich spüre außerdem, dass für einen Depressiven der Tod nicht wie eine Erlösung vom Leid, sondern wie ein Ausdruck von Lebendigkeit wirkt. Wenn ich auf diesem Platz an den Tod denke, dann fühlt er sich kraftvoll und wie ein Teil des Lebens an. Wenn ich schon nicht das Leben selbst haben kann, dann will ich wenigstens den Tod als Ausdruck des Lebens – klingt das zu merkwürdig? Verstehst du, was ich meine? Hier auf diesem Platz fühlt es sich tatsächlich so an. Die Depression definiert sich, wie ich sie hier erlebe, nicht über das, was sie ist, sondern über das, was sie nicht ist. Sie ist die Abwesenheit von Leben. Da ist kein Funke Bewegung, Veränderung, Aktion. Und ich erkenne, dass die Depression wie ein starker Katalysator auf das Bewusstsein aller, die mit ihr zu tun haben, wirkt. Wenn sie in deinem Umfeld präsent ist, dann musst du dich, ob du willst oder nicht, bewusst mit deinem eigenen Ausdruck von Leben beschäftigen. Und du musst dich entscheiden: für das Leben oder dagegen. Das kann man vielleicht von jeder Krankheit sagen, aber so spüre ich es hier nicht. Die Depression führt dir die Abwesenheit von Leben vor Augen, wie gesagt, das ist nicht der Tod, sondern das Nichts, anders kann ich es nicht beschreiben. Dieses Nichts hat nichts mit einer spirituellen Leere zu tun, denn auch in dieser spirituellen Leere wirkt Energie. In der Depression wirkt keine Energie, gar nichts. Und weil das so ist, zwingt sie alle, die mit ihr zu tun haben, sich bewusst mit dem Thema »Lebendigkeit« zu befassen. Ob sie das dann tun oder nicht, bleibt dahingestellt, aber du kommst, so spüre ich es, nicht darum herum, bewusster zu werden, wenn eine Depression in deinem Leben wirksam ist.

Stehe dann wieder auf. Setze dich noch einmal auf deinen eigenen Platz, der Depression gegenüber. Und jetzt sage ihr noch einmal alles, was du ihr zu sagen hast: Wie traurig, wütend und müde du bist, wie sehr sie dir dein Leben vergällt und wie hilflos du dich dem Kranken gegenüber fühlst. Deine Wut richtet sich ja nicht gegen den Kranken, sondern gegen die Krankheit, und hier sitzt die Krankheit. Lasse dir Zeit, du kannst auch, wenn dir das leichter fällt, einen Brief an sie schreiben. Bleibe ihr dabei aber gegenübersitzen.

Frage die Depression danach bitte: »Was willst du von mir, was ist meine Aufgabe in Bezug auf dich?«
Und dann wechsle wieder den Platz, setze dich erneut auf den Platz der Depression.

Nun nimm wahr, wie es dir an diesem Platz geht, das kann sich sehr verändert haben, muss es aber nicht.
Denke bitte wieder ans Aufschreiben, wenn du kein Aufnahmegerät zur Verfügung hast.

Ich erlebe die Antwort der Depression auf die Frage »Was ist meine Aufgabe?« so: »Es gibt keine Aufgabe. Du hast einfach die Wahl, ob du mir folgst oder nicht. Mehr ist es nicht. Dadurch entsteht Bewusstsein.«

Vorsicht: Das ist meine Antwort, deine kann eine ganz andere sein! Es gibt keine allgemeingültige Antwort auf den spirituellen Sinn einer Depression, lasse dir das nicht einreden. Es gibt wundervolle Bücher darüber, welche Botschaften Krankheiten haben, die sehr hilfreich sind. Dennoch sind das alles Anregungen, Angebote für mögliche Antworten. Wenn du etwas verstehen willst, wenn du eine konkrete Antwort haben möchtest, dann nutze die Technik des leeren Stuhls, und nimm direkt und persönlich Kontakt zu der Kraft auf, die du befragen willst. Mache dir die Mühe, das stärkt deine Selbstverantwortung.

Beende die Übung, indem du dich wieder auf deinen Platz setzt und in dir nachspürst, wie die Aussage der Depression in dir angekommen ist, was sie in dir bewirkt.

Und jetzt? Was geschieht durch diese Übungen? Du klärst deine Beziehung mit und zu der Depression, sie bekommt ihren angemessenen Platz in deinem Leben. Du kannst sie nicht ignorieren, aber sie muss auch nicht dein ganzes Leben bestimmen. Du hast eine Wahl. Du kannst die Herausforderung, die sie dir anbietet, annehmen oder in dieser Depression und damit auch im Opferdasein versinken. Noch einmal: Es ist DEINE Wahl. Du bist nicht krank, du hast eine Wahl. Es dient niemandem, ich kann das gar nicht oft genug sagen, wenn du versuchst, die Depression mitzutragen. Sie lässt sich nicht mittragen, wird dadurch nicht leichter. Erlaube dem Kranken auf gar keinen Fall, dich mit hineinzuziehen, das kann ich wirklich nicht oft genug schreiben. Auf gar keinen Fall. Egal, wie sehr du dich abgrenzen musst.

Ich weiß, das schreibt sich so leicht. Ich weiß auch, wie schwer es sich leben lässt. Aber genau darum geht es für dich: Triff eine Wahl, täglich. Minütlich. Leben oder das Nichts, du entscheidest.

Übung: Einen Kraftplatz des inneren Friedens erschaffen

Du brauchst einen Ort in deiner Wohnung oder im Garten, an dem du ungestört bist und der nur dir gehört. Das brauchst du sowieso, nutze also die Gelegenheit, jetzt dafür zu sorgen.
Dieser sichere Ort darf niemals infrage gestellt werden. Erlaube das einfach nicht. Wirst du ausgelacht, beschämt oder wird dir dieser Platz abgesprochen, so nutze den Impuls, der dadurch in dir entsteht: Selbstbehauptungskraft, die sich als gesunde Aggression äußern kann. Du darfst niemandem erlauben, dir deinen Raum zu nehmen. Niemandem. Ausgenommen sind kleine Kinder, aber um die geht es hier ja nicht. Über das Innere Kind des Erkrankten und auch über dein eigenes reden wir später. An diesem Platz, der nur dir gehört, entsteht nun ein ganz besonderer Kraftort.

Besorge dir nun bitte einen kleinen, runden Teppich (Tipp: Kinderteppiche haben oft die richtige Größe und sind sehr hübsch, bunt und zart), oder finde eine andere Möglichkeit, dir einen sicheren Raum zu erschaffen. Wenn du weißt, wie, dann lege dir ein Medizinrad, oder forme mit Tüchern einen runden Platz. Schmücke diesen Platz mit Gegenständen, die dir Kraft geben und die dich erfreuen.
Stelle dich nun bitte mitten in diesen entstandenen Kreis hinein. Schließe die Augen, und rufe alle Kräfte des Lebens, denen du ver-

traust. Bitte sie, an diesem Ort anwesend zu sein. Bitte nun alle Schutzkräfte, denen du vertraust, diesen Raum vor dem Übergriff der Depression zu schützen und zu bewahren. Dieser Ort ist eine ausdrücklich depressionsfreie Zone, das entscheidest du hiermit. Setze dich jetzt hin, und lasse dich von der Kraft des Platzes, den du gerade eben erschaffen hast, nähren.
Wann immer du Kraft brauchst, setze dich auf diesen Platz. Gestalte ihn immer wieder so, dass er dir Kraft gibt, und sorge dafür, dass er sauber und frisch bleibt. Allein deine Absicht, dir diesen Freiraum zu bewahren, wirkt Wunder. Die bewusste Handlung, dich auf diesen Kraftort zu stellen oder zu setzen, aktiviert deine emotionalen Kräfte und stärkt deine Selbstbestimmung.

Eine ganz besondere Kraft bekommt dieser Ort, wenn du ihn zum Platz deines inneren Friedens machst. Stelle dich dazu auf den Teppich, und sage laut den Satz: »Ich bin bereit, in Frieden mit dem zu kommen, was ist.«

Überprüfe, ob das stimmt. Du brauchst nicht zu wissen, wie du in Frieden kommen kannst. »In Frieden kommen« bedeutet auch in keiner Weise, Verletzungen und unangemessenes Verhalten gutzuheißen. Es bedeutet, bereit zu werden, dich selbst da abzuholen, wo du stehst, den Groll hinter dir zu lassen und dem Leben zu erlauben, an dieser Stelle weiterzufließen. Bist du im Groll, im Schmerz, in der Wut, in der Vermeidung, so lässt du dich an dieser Stelle nicht auf das Leben ein, das ist ja der Sinn der Sache. Wirst du bereit, in Frieden zu kommen, so gibst du dem Leben einen Vertrauensvorschuss: Du vertraust dich ihm erneut an und wagst dich, auch wenn du keine Beweise hast, dass es von nun an besser wird, in diesem verletzten Lebensbereich erneut auf den Weg.

Du hast keine Beweise, dass es nun besser wird, schreibe ich. Aber ganz stimmt das nicht: Du weißt nämlich, dass du dich nie wieder einer missbräuchlichen Situation aussetzen wirst.

Geht das mit dem sicheren Ort gar nicht, wirklich gar nicht (oder bist du viel unterwegs), dann erschaffe dir einen mobilen Kraftort, indem du dir zum Beispiel einen Gebetsteppich kaufst und diesen immer dann ausrollst, wenn du Lebendigkeit, Frieden oder einfach einen Ruhepol brauchst.

Selbstmitgefühl erlernen

Eines teilst du wahrscheinlich mit deinem erkrankten Partner, deinem erkrankten Angehörigen: Ihr beide seid sehr streng zu euch selbst. Selbstmitgefühl ist eine der Tugenden, die ein Depressiver nur sehr schwer aufbringen kann, doch auch für einen Angehörigen ist es oft eine immense Herausforderung. Mitgefühl mit dem Depressiven hast du natürlich. Aber mit dir selbst? Wozu? Nutzt es überhaupt etwas, mitfühlend mit sich selbst umzugehen? Und wo ist die Grenze zum ungesunden Gejammer, zum Selbstmitleid?

Erlaube mir, dir ein paar Fragen zu stellen:

- Neigst du dazu, dich selbst über Gebühr zu kontrollieren?
- Rationalisierst du deine Gefühle?
- Hast du bestimmte Vorstellungen davon, was dir möglich sein sollte?
- Erlebst du innere Spannung, wenn du deinen eigenen Ansprüchen nicht genügst?
- Versuchst du, diese innere Anspannung »wegzumachen«, indem du dich überisst oder dir andere gefühlsdämpfende Gewohnheiten zugelegt hast?
- Hältst du dich für wenig wertvoll und schützenswert?
- Bis du mit anderen sehr viel nachsichtiger als mit dir selbst?
- Verurteilst du dich selbst rasch, und bist du überzeugt, im Kern unzulänglich zu sein?

Die wahrhaftige Beschäftigung mit diesen Fragen kann dir ungeahnte Einsichten und Kräfte zugänglich machen, auch wenn dir deine eigenen Antworten nicht gefallen.

Aber nur wenn du deinen eigenen Schmerz in seiner Tiefe anerkennst, auch wenn er dir nicht gefällt und du einen starken inneren Gegenspieler, die Schmerzvermeidung, hast, kannst du reifen und besser für dich sorgen.

Barbara Ann Brennan unterscheidet in ihrem Buch »Licht-Arbeit«* fünf Schmerzvermeidungstypen und beschreibt nicht nur deren jeweiligen psychischen Zustand und ihre Körperwahrnehmung, sondern auch ihre Aura. Den Ursprung dieses Ansatzes finden wir bei Dr. Alexander Lowen und Dr. John Pierrakos (beides Schüler von Wilhelm Reich), den Begründern der bioenergetischen Analyse. Diese bioenergetische Analyse ist eine Weiterentwicklung der von Wilhelm Reich in die Welt gebrachten Körperpsychotherapie und Grundlage vieler körperorientierter Psychotherapien. Es ist also angemessen, diesen Ansatz ernst zu nehmen.

Den eigenen Stresstypus zu kennen kann dir die Augen für dich selbst öffnen, denn sie alle brauchen etwas anderes, um wieder zu sich zu finden. Besonders habe ich mich gefreut, als ich hörte, dass auch die Schamanen diese Einteilung kennen und das Wissen darum zur Heilung nutzen.

Wichtig: Es gibt keine besseren oder schlechteren Angst- und Stressreaktionen. Ich stelle diese Charaktere hier völlig wertfrei vor. Es ist einfach sinnvoll, dich selbst zu erkennen, damit du verstehst, wie du dir selbst helfen kannst.

---

* Barbara Ann Brennan: Licht-Arbeit. Heilen mit Energiefeldern. Goldmann Verlag 1989.

Ich stelle diese Typen systemisch auf und beschreibe sie dir dann in eigenen Worten so, wie ich sie erlebe, damit du dich selbst besser verstehen kannst.

Der schizoide Typ

Er zersplittert bei Angst und Überforderung in seine Einzelteile, spürt sich selbst nicht mehr, fühlt sich, als wäre er in kleine Päckchen verpackt, die nichts miteinander zu tun haben, findet keinen Bezug zwischen den verschiedenen eigenen Aspekten. Bei Stress wird er kalt und rational und bleibt dabei üblicherweise hochfunktional.

Beim systemischen Aufstellen des Energiefeldes spüre ich Kopf und Schultern sehr aktiv, den Rest des Körpers nehme ich nicht wahr. Der Schizoide lebt sein Leben bei Stress aus der mentalen Kontrolle heraus, die Stirn und damit der Verstand sind sehr aktiv. Er neigt dazu, sich aus seinem Körper herauszulösen, oft ist er sehr spirituell – aber nicht geerdet.

Die Erlösung:
Das Element Erde. Bewusste Körperwahrnehmung über die Atmung, bewusste Erdungsübungen in Stille, Massagen, gestreichelt und in den Arm genommen werden: alles, was die Körperwahrnehmung auf ruhige und entspannte Weise stärkt. Es geht hierbei nicht um körperliche Aktivität, sondern um das Geschehenlassen und das innere Fließen – die Yin-Kraft, Hingabe, will gestärkt werden. Sicher und freudig im Körper ankommen und von hier aus agieren,

von hier aus den Himmel auf die Erde bringen – das ist die Herausforderung für den schizoiden Charakter.

Natürlich lässt ein Schizoider gerade das nicht zu, tut es zynisch als Kinderkram ab. Es gibt immer Wichtigeres zu tun, als sich selbst zu spüren. Doch wenn du weißt, dass Zynismus eine Stimme deiner Schmerzvermeidung ist, dann brauchst du ihr nicht mehr zu glauben.

Was fehlt?

Es fällt mir schwer, das zu spüren, denn ich gehöre zu dieser Gruppe und habe natürlich genau hier meinen blinden Fleck. Also stelle ich es mir auf.

Aha. Es fehlt ein Bewusstsein darüber, dass du alles fühlen darfst, was du bist, egal, ob es anderen gefällt oder nicht, ja, sogar egal, ob es dir selbst gefällt oder nicht. Der Schizoide ist sehr darauf gedrillt worden zu funktionieren, sodass er alles Bedürftige und Unvollkommene (lasse uns jetzt keine Grundsatzdiskussion darüber fühlen ob es Unvollkommenes überhaupt gibt, du weißt schon, was ich meine) in sich wegsperrt und abspaltet. Er kann mühelos von einem als positiv erlebten inneren Bereich in den nächsten wechseln, aber es ist für ihn fast nicht möglich, sich selbst in seiner Gesamtheit wahrzunehmen. Oft glaubt ein Schizoider sogar, er müsse sich für einen Ausdruck seiner selbst entscheiden und dabeibleiben, er müsse sich als etwas definieren, und das ist es dann. Er darf lernen, sich selbst als vielschichtiges Wesen wahrzunehmen und zu lieben, ein Wesen, das vieles zugleich ist: stark und schwach, bewusst und unbewusst, liebevoll und grausam, effektiv und nachlässig.

Der orale Typ

Beim Aufstellen wird mein Kopf leer, nur die Augen sind sehr beweglich. Der orale Typ sammelt, wie ich es beim Aufstellen fühle, mit den Augen Energien ein. Er gibt nicht durch den Blick, befruchtet nicht, sondern saugt. Er ist auf seinen Vorteil bedacht. Die Schultern hängen, die Unterlippe schiebt sich vor, tendenzielle Opfergefühle. Keine Handlungsfähigkeit. Der orale Typ fordert, zieht, erpresst emotional, im Brustraum und im Herz ist deutlich Schwere spürbar. Die Arme und Hände sind schwer, ziehen nach unten. Der orale Typ saugt Energie von anderen, sucht sich seine »Opfer« und bezieht seine Lebensenergie von ihnen. Während der schizoide Typ aus seinem eigenen Kopf und seiner Kontrolle heraus lebt, nutzt der orale Stresstyp die Kraft von anderen. Orale Charaktere sind typische Energievampire.

Die Erlösung:
Aktivität. Tanz. Feuer. Yang-Energie, die für Handlungen und zielgerichtete, nach außen drängende Bewegung steht. Schütteln, dynamische Meditationen, bewusste körperliche Anstrengung. Pläne machen und umsetzen, in die Tat kommen, aus der energiesaugenden Bewegungslosigkeit heraustreten und die eigene Energie zum Ausdruck bringen, damit er sich selbst und seinen inneren Reichtum spürt.

Was fehlt?
Dem oralen Typ fehlt das Bewusstsein darüber, dass er eine ureigene, ihm innewohnende Kraftquelle hat, die er durch sein Handeln und die Umsetzung seiner Pläne an-

zapfen kann. Er braucht Erfolgserlebnisse, er muss spüren, dass er selbst die Quelle seiner Kraft ist, indem er handelt. Wenn du der orale Typ bist, dann fange mit Kleinigkeiten an, hole dich selbst aus der Passivität, und verschaffe dir durch deine Handlungen Erfolg. Du bist tief entmutigt, weil dein Handeln erfahrungsgemäß nicht fruchtet, also lässt du das Feuer, deine Handlungsfähigkeit, deine Begeisterung, in dir erlöschen. Suche dir ein Ziel, ein kleines, von dem nichts abhängt, dessen Erreichung dir aber Freude bereitet, und fache dein inneres Feuer nach und nach wieder an.

Als oraler Typ hast du absolut keine Lust, dich anzustrengen, sprich, Verantwortung zu übernehmen, und du findest tausend Gründe, warum deine Handlungen sowieso keinen Sinn ergeben. Doch das ist nur die Schmerzvermeidung, die dich in der bekannten Komfortzone halten will. Gehe raus, mache etwas, egal was, die Hauptsache ist, es nährt dein inneres Feuer und gibt ihm eine Ausrichtung.

Der psychopathische Typ

Die Energie spüre ich beim Aufstellen besonders in den Händen und im Kopf. Ich bewege den Kopf hin und her und habe alles im Blick. Doch im Gegensatz zum oralen Typus (der nur die Augen bewegt) sauge ich die Energie nicht ein, sondern kontrolliere sie. Ich dominiere, ich bin groß, ich stülpe mich mental über alles, ich habe alles im Griff. Ich erlaube nicht, dass etwas ohne meine Kenntnis und ohne mein Zutun geschieht. Ich spüre mich selbst über die mentale Macht, die ich ausübe. Ich kontrolliere die Situation, indem ich scheinbar sehr viel Verantwortung übernehme, in Wahrheit aber alle überfahre. Mein Rücken ist aufgerichtet, fast steif, meine Haltung ist dominant, ähnlich der eines Türstehers von einem Rockerklub. Die Brust ist geschwellt, fehlt nur noch, dass ich mir wie ein Gorilla auf die Brust trommle. Ich spüre mich selbst nicht, bin sehr präsent, hochfunktional, wenn man mir nicht in die Quere kommt.

Man könnte meinen, das vorherrschende Element wäre Erde, weil es sich so stabil anfühlt, aber wenn ich genau hinspüre, dann ist es Luft. Denn ich kontrolliere meine Umgebung durch meine Vorstellungen, meine Ideen darüber, wie die Dinge zu laufen haben. Abweichungen erlaube ich nicht.

Die Erlösung:
Augen zu. Rückzug. Bewusstes Loslassen jeder Kontrolle. Innere Windstille. Die anderen machen lassen, egal, was geschieht. Um sich selbst wieder zu spüren, muss der psychopathische Charakter ein großes Stück Verantwortung abgeben, auch und gerade wenn ihm das schwerfällt. Die Schmerzvermeidung will ihm einreden, dass ohne ihn nichts läuft, doch selbst wenn das stimmt, so ist es für seine Gesundheit und seinen Kontakt zu sich selbst notwendig, sich zurückzuziehen und die Kontrolle über andere und deren Aufgaben aufzugeben.

Was fehlt?
Vertrauen. Das Bewusstsein, dass sich die Welt auch dann in einer stabilen Bahn dreht, wenn er nichts dazu beiträgt. In die Natur schauen und die unermessliche, sich selbst immer

wieder neu organisierende Kraft des Lebens erkennen. Nicht umsonst heißt »Kosmos« auf Deutsch »Ordnung«. Selbst das Chaos, die Unschärfe, die Widersprüchlichkeiten und die scheinbare Unordnung gehören zu dieser Ordnung. Als psychopathischer Typ darfst du lernen, dich dieser Selbstorganisation anzuvertrauen, die global, aber auch ganz persönlich in dir wirkt. Je mehr du die Kontrolle über dich und deine Umgebung loslassen kannst und je mehr du Bewusstsein über deinen wahren inneren Zustand erlangst, desto besser kann deine Selbstorganisation greifen und dir die jeweils passenden, zielführenden emotionalen und handlungsorientierten Impulse geben.

Der rigide Typ

Ich halte aus und durch. Ich atme flach, bis die Situation vorbei ist. Ich senke den Blick, meine Aufmerksamkeit ist gebannt, ich spüre weder mich noch meine Umgebung. Ich beziehe weder Energie von außen noch von innen, ich versuche, mit so wenig Aufwand wie möglich zu überleben. Ich bin nicht ansprechbar, funktioniere zwar, aber sehr verhalten und nur mit großem Energieaufwand. Ich erstarre, stelle mich tot, bin wie eine Pflanze im Winter, aber ohne dabei Kraft für neues Wachstum aus der Erde zu schöpfen. Der Blick ist starr, der Rücken steif, die Atmung minimal und nur im oberen Brustbereich. Dabei kann ich nach außen hin durchaus sehr lebendig wirken. Bin ich aber nicht. Meine Hyperaktivität soll nur ablenken. Denn ich zeige meine Gefühle nicht, nicht einmal meine Erstarrung. Element: erstarrte Erde, Stein.

Die Erlösung:
Bewusstes Hinwenden zum Inneren Kind, zu leichten, freien inneren Aspekten. Singen. Dinge tun, die Spaß machen, in ein angenehmes Gefühl bringen. Es ist ein ziemlicher Kraftakt, aus dieser Erstarrung herauszukommen und sich bewusst nach innen zu wenden, aber darum geht es. Über die Beschäftigung mit Dingen, die Freude machen, findet der rigide Charakter in sein Fühlen zurück, in seine Lebendigkeit. Das Innere Kind steht für das Element Wasser, für das Fühlen. Wenn man verkrustete Erde mit Wasser in Kontakt bringt, wird sie von selbst weich und fruchtbar, und das ist es, was der Rigide braucht.

Für den Rigiden ist es besonders wichtig, sich mit dem, was er fühlt, zu zeigen. Er schämt sich für seine Gefühle und hält es im tiefsten Inneren für falsch, überhaupt etwas zu fühlen.

Was fehlt?
Der Rigide schämt sich seiner Gefühle zutiefst. Dass er überhaupt etwas fühlt, hält er bereits für eine Zumutung, für sich und für andere. Es kann sein, dass sich nur sehr wenige von euch Lesern dieser Gruppe zugehörig fühlen, denn schon dieses Buch zu kaufen zeigt ja, dass du dich deiner Gefühle annehmen willst. Ein »praktizierender« rigider Mensch käme gar nicht auf die Idee, zu einem Selbsthilfebuch zu greifen. Als Kind wurdest du für deinen emotionalen Ausdruck beschämt und verlacht, bis du dich entschieden hast, deine Emotionalität mit Stumpf und Stiel auszumerzen. Dir fehlt die Erlaubnis, das zu fühlen, was du fühlst. Doch das darfst du, einfach weil du sowieso ein fühlendes Wesen

bist. Du wurdest als fühlendes Wesen erschaffen, es kann dir helfen, wenn du das weißt. Denke an einen Säugling: Er fühlt, sonst nichts. Weder denkt er, noch kann er bewusst handeln. Er nimmt sich und seine Bedürfnisse wahr und bringt sie zum Ausdruck, alles andere ist nebensächlich. Er hat nichts anderes im Sinn, als zu überleben. Er nimmt die Welt über das Fühlen (die Amygdala ist sehr aktiv, falls dich das näher interessiert) wahr, und das ist auch gut so. Erst wenn das Gehirn reift, entsteht Bewusstsein und damit auch die Fähigkeit, sich selbst zu hinterfragen, bewusst zu handeln und eben auch zu kontrollieren. Kann es nicht sein, dass Gott uns als fühlende Wesen gemeint hat? Warum sonst wäre die erste Wahrnehmung ebendieses Fühlen?

Ein kurzer Exkurs über Scham:

Wenn du dich schuldig fühlst, dann hast du in deinen Augen oder in denen anderer etwas falsch gemacht. Du kannst es durch eine Handlung wiedergutmachen, du kannst um Vergebung bitten und die Dinge in Ordnung bringen. Schuldgefühle können dich dazu bringen, dich selbst zu bestrafen und dich zu kasteien. Fühlst du dich schuldig, so hast du eine Chance, dich von der Schuld zu befreien, wenn du ihre Wurzel erkannt hast. Findest du also heraus, worin der Fehler bestand, selbst wenn er gar nicht durch dich begangen wurde, sondern in einer Ahnengeschichte begründet liegt, so kannst du Wiedergutmachung leisten. Scham dagegen entsteht, wenn du das Gefühl hast, dass du falsch BIST. Scham kann nicht wiedergutgemacht werden – außer, du löschst dich selbst aus und bereinigst den Fehler deiner Existenz. In der Scham bestrafst du dich nicht selbst, sondern du versuchst, dich selbst zu vernichten. Das hat eine ganz andere Brisanz, und es ist wichtig, den Unterschied zu kennen. Scham entsteht üblicherweise sehr früh, meist in einer Zeit, in der du noch nicht sprechen konntest. Es ist fast nicht möglich, Schamgefühle in Worte zu fassen, und zwar aus zwei Gründen. Erstens: Das Schamgefühl ist nicht mit dem Sprachzentrum verbunden. Und zweitens würde das Ausdrücken deiner Gefühle deine Existenz beweisen und Raum in Anspruch nehmen. Zeigst du dich mit deiner Scham, dann handelst du dem Impuls, dich selbst zu vernichten und gar nicht da zu sein, zuwider. Deshalb erlaubt dir die Scham aus sich selbst heraus nicht, sie zu kommunizieren, du verstummst und ziehst dich in dich selbst zurück. Die Scham geht mit einer hochfunktionalen Schmerzvermeidung einher, eben weil sie so vernichtend ist. Du vermeidest Nähe und Berührbarkeit, grenzt dich in einem sehr frühen Stadium einer Beziehung bereits drakonisch ab.

Der masochistische Typ

Der masochistische Typ hält auch aus und durch wie der rigide – aber er erwartet Nackenschläge. Die Augen sind geschlossen, der Nacken ist sehr angespannt, die Schultern sind zusammengezogen. Der Rigide ist in sich erstarrt, der Masochist dagegen befindet sich in Habachtstellung. Das Innere ist im Aufruhr, es tobt ein Kampf, es brodelt und wütet. Er fühlt durchaus, aber nichts davon dringt nach außen, im Gegenteil, je stärker die innere Spannung während der Aufstellung wird, desto mehr verkrampft sich mein Nacken. Ich würde mich niemals wehren, ich ducke mich eher noch ein wenig mehr. Ich fühle mich dabei nicht als jammerndes Opfer, dennoch ist die Situation ausweglos. Ich bin in Kontakt mit der gefühlten Bedrohung, aber vollkommen handlungsunfähig. Etwas anderes als die drohenden Schläge, von denen ich überzeugt bin, dass sie kommen, kann ich nicht wahrnehmen. Ich bin hinreichend damit beschäftig, mich zu wappnen. Ich fühle mich in dieser Position nicht funktional. Ich kann einigermaßen tief atmen und beziehe meine Energie aus meinem inneren Aufruhr, ich bin wie ein Dampfkessel, doch ich werde nicht platzen.

Die Erlösung:
Ähnlich wie der orale Charakter braucht der Masochist freie, wilde körperliche Bewegung, um sich aus seiner Erstarrung zu lösen. Die innere Spannung und auch die Wut müssen einfach raus! Tanzen, Schütteln, damit die Lasten von den Schultern fallen. Aber nicht wie der orale Typ, um die eigene Kraft zu erleben, sondern um in sich Raum für ein anderes Bewusstsein zu erschaffen. Besonders für ihn ist es wichtig, die eigene innere Schöpferkraft anzuerkennen und sich selbst die Freiheit zu geben, verletzende Situationen hinter sich zu lassen. Denn er glaubt insgeheim, dass er immer der Prügelknabe sein wird und aushalten muss. Dass er sich letztlich selbst in diese Rolle stellt, ist ihm nicht bewusst. Im Bewusstsein von Freiheit und der darauffolgenden Handlung findet er Erlösung. Hilfreich ist das innere Bild, einen schweren Mantel von den Schultern zu nehmen, ein Joch abzulegen und das Kreuz, das der Masochist noch immer

für Jesus Christus trägt, endlich ins Feuer zu werfen. Er schleppt die Lasten Tausender und glaubt, er müsse das tun. Letztlich finden wir im Masochisten den Märtyrer, der die Lasten anderer auf sich nimmt und als Prügelknabe herhält. Für ihn ist es besonders wichtig, sich selbst das Recht zu geben, glücklich und erfolgreich zu sein. Der Masochist sucht im Gegensatz zu den anderen Charakteren geradezu nach Situationen, die ihn schädigen und deshalb wütend machen.

Was fehlt?

Die innere Bereitschaft (nicht Freiheit!), Nein zu sagen und schädigende Situationen zu verlassen. Der masochistische Charakter zieht einen Sekundärgewinn aus seiner Opferrolle: Unbewusst fühlt er sich überlegen. Er könnte durchaus Nein sagen, wenn er sein Selbstwertgefühl aus einer anderen Quelle schöpfen würde als aus seiner Fähigkeit, in schwierigen Situationen durchzuhalten. Die Wut, die in ihm brodelt, ist die Quelle seiner Lebendigkeit, glaubt er. Er darf erleben, dass diese innere Lebendigkeit auch aus Freude und Lust am Tun gespeist werden kann und dass ein Dasein als Märtyrer keine Eintrittskarte ins Himmelreich ist. (Selbst wenn das so wäre, so verpasst er durch das Märtyrertum die Erfüllung, auch auf Erden glücklich zu sein! Wozu hat Gott ihn denn dann überhaupt erschaffen, fragt man sich …) Der masochistische Charakter hat nie erlebt, wie es ist, aus Freude und Liebe zu agieren und in wahrer Erfüllung zu leben. So zieht er seine Befriedigung aus seiner Fähigkeit, auch das schwerste Joch zu tragen. Der Kampf gegen die Härte des Lebens ist sein Elixier. Er darf lernen, Situationen zu verlassen, die ihm schaden, und erkennen, dass das Leben auch in Schönheit, Freiheit und Freude gelebt werden kann. Dazu muss er bewusst auf die zweifelhafte Befriedigung verzichten, die ihm das Aufopfern und Durchhalten bringt.

Mein Lebensgefährte, der diesem Charaktertypus angehört, sagte einmal sehr treffend: »Wir dürfen das kräftezehrende Durchhalten aufgeben und lernen, uns stattdessen liebevoll selbst zu halten.«

Wenn dich diese Typen näher interessieren, dann schaue in Barbara Ann Brennana »Licht-Arbeit. Heilen mit Energiefeldern« nach. Lasse dich nicht von der Jahreszahl der Ersterscheinung irritieren. 1989 begann die erste Welle, in der die echten Heiler deutlich sichtbar wurden, und Barbara ist eine davon. Das, was sie sagt, stimmt noch immer vollkommen, weil es damals schon gestimmt hat. In diesem Buch findest du ganz ausführliche Beschreibungen und Aurabilder. Ich habe die Energien für mich aufgestellt und meine Empfindung in meinen Worten an dich weitergegeben, weil mir das für mein Buch sinnvoll erscheint.

Bestimmt erkennst du dich in all diesen Beschreibungen ein bisschen wieder. Dennoch gehörst auch du einem Grundtypus an. Dein Stammhirn wiederholt immer wieder eine unreflektierte Stressreaktion, die der Schmerzvermeidung dient. Schaue dir einfach an, wie du tendenziell mit dir selbst in Bezug auf deinen depressiven Angehörigen umgehst, was du denkst und wie du dich selbst zu beschwichtigen versuchst.

Der schizoide Charakter im Umgang mit dem erkrankten Angehörigen:
Der schizoide Typ funktioniert. Er erlaubt sich auf keinen Fall, seine Wut zu spüren, sucht immer wieder neue Wege, die Krankheit zu kontrollieren, indem er Heilungsansätze anbietet. Er kontrolliert sich und seine Reaktionen total. Er opfert sich auf, sucht innere Räume auf, in denen er verständnisvoll und liebevoll ist, kümmert sich, ist sehr präsent – doch die eigenen schmerzlichen Gefühle spaltet er komplett ab. Warum spaltet er sie ab? Weil er tief davon überzeugt ist, dass er sie so nicht fühlen darf. Der Schizoide erlaubt sich selbst nicht, etwas anderes als Liebe, Mitgefühl und Fürsorge für den Kranken zu spüren. Diese Gefühle stärkt er in sich, baut sie aus, nährt sie. Für weniger liebevolle Gefühle schämt er sich so sehr, dass er sie selbst nicht spürt. Hat er ein wenig Selbstfürsorge gelernt, so schämt er sich, wenn er nicht gut für sich sorgt. Er kennt nur schwarz und weiß, erwünschte und unerwünschte Gefühle und innere Zustände. Und so verhält er sich seiner eigenen idealistischen Vorstellung gemäß. Kann er das nicht, so zieht er sich völlig zurück und hält sich für vollkommen wertlos.

Er verhält sich so, wie sein Rollenverständnis (das durchaus sehr differenziert und reflektiert sein kann!) es ihm vorgibt, und spaltet alles andere in sich ab. Er verzweifelt an seiner Wut und den eigenen schmerzlichen Gefühlen in Bezug auf die Depression, weil er sich nicht erlaubt, etwas anderes als unterstützend zu sein.

Der orale Charakter im Umgang mit dem erkrankten Angehörigen:
Der orale Typ jammert, klagt jedem sein Leid. Er stellt sich selbst als Opfer hin, fragt sich, womit er die Krankheit des Angehörigen nur verdient hat. Zwar sorgt und kümmert er sich, ist für den Kranken da, aber er fühlt sich leer und ausgesaugt. Er wird passiv-aggressiv, sorgt dafür, dass andere seine Aufopferung bemerken. Er bezieht die nötige Aufmerksamkeit und Energie aus dem Mitgefühl anderer. Für den oralen Charakter ist es fast nicht auszuhalten, sich um den Kranken zu kümmern, denn er hat selbst schon keine Energie und braucht deshalb Menschen in seiner Umgebung, die ihn nähren. Die Depression des Angehörigen zieht ihm noch das letzte bisschen Kraft aus den Knochen und dem Wurzelchakra. Es kann gut sein, dass er oft krank wird, damit sich auch einmal jemand um ihn kümmert.

Der psychopathische Charakter im Umgang mit dem erkrankten Angehörigen:
Der psychopathische Typ kontrolliert. Er tut alles, wirklich alles, was in seiner Macht steht, um dem Kranken zu helfen, und wird ungehalten, wenn sich dieser nicht helfen lässt. Er neigt dazu, den Kranken zu schikanieren, weil er nur über die Kontrolle mit der Situation umgehen kann. Er kann das Wesen einer Depression, nämlich die Unfähigkeit, aktiv für sich selbst zu sorgen oder sich wenigstens helfen zu lassen, nicht ertragen. Der psychophatische Charakter wird am ehesten Sätze wie »Wenn du nur wolltest, würde es dir besser gehen« sagen, weil ihm Akzeptanz und Hingabe sehr fremd sind. Ohnmacht und die Unfähigkeit, eine Situation

zu kontrollieren, lassen ihn noch dynamischer und aktiver werden. Und so verbringt er entweder seine Zeit damit, immer neue Behandlungsmethoden herauszufinden, oder er wendet sich radikal ab, weil er nichts beitragen kann. Es kann gut sein, dass sich dieser Typus irgendwann entscheidet, den Kranken zu meiden, weil er an seiner eigenen Ohnmacht verzweifelt. Eventuell hält er diese Vermeidung für Selbstfürsorge, doch letztlich schützt er sein eigenes schmerzvermeidendes System.

(Allerdings stimmt das natürlich nicht nur. Wenn sich ein Depressiver nicht behandeln lässt und mit seiner Weigerung die gesamte Umgebung tyrannisiert, kann es sehr wohl ein Zeichen von Selbstfürsorge sein, den Kranken zu meiden. Aber bitte nur dann, wenn man wirklich alles getan hat, um den Kranken zu einer Therapie zu bewegen, sonst ist es eine Art unterlassener Hilfeleistung. Denn, und das ist so schwer nachzuvollziehen: Die Weigerung, sich behandeln zu lassen, ist ein Symptom der Krankheit. Den Depressiven in Bezug auf die Entscheidung, ärztliche Behandlung in Anspruch zu nehmen, in der Selbstverantwortung zu lassen, ist ab einer gewissen Krankheitsausprägung nicht mehr hilfreich und nicht mehr zu verantworten. Du hast das Recht, auch gegen den Willen des Depressiven Hilfe zu holen.)

Der rigide Charakter im Umgang mit dem erkrankten Angehörigen:

Der rigide Typ blendet aus. Er tut das, was nötig ist, aber vermeidet vollkommen zu fühlen. Er funktioniert hervorragend, weil er eben nicht fühlt, und nimmt die Krankheit fatalistisch hin. Natürlich versucht auch er zu helfen. Aber nicht, um zu kontrollieren. Er kontrolliert nicht den Kranken, sondern sich selbst und all seine Emotionen. Es kann gut sein, dass dieser Charakter irgendwann einen Komplettzusammenbruch erleidet, weil er seine eigene Überlastung in keiner Weise wahrnimmt. Dennoch ist es erstaunlich, wie lange ein Rigider stoisch seine Aufgaben erledigt, bis er zusammenbricht. Er atmet einfach noch ein wenig flacher, um sich nicht zu fühlen, und macht so lange weiter, bis ihn ein Burn-out in die Knie zwingt.

Der rigide Charakter erntet Bewunderung für sein Durchhaltevermögen, doch das nährt ihn nicht, und er braucht es auch nicht. Er läuft wie ein Uhrwerk einfach so lange weiter, wie er kann, weil er sich von sich selbst abspaltet. Im Gegensatz zum schizoiden Charakter spaltet er sich von allen Wahrnehmungen ab, nicht nur von den unerwünschten.

Der masochistische Charakter im Umgang mit dem erkrankten Angehörigen:

Der masochistische Typ trägt, lädt sich die Lasten des Depressiven auf die eigenen Schultern, versucht, dessen Leid zu tragen, und verzweifelt daran, dass er es nicht kann, dass es dem Kranken nicht besser geht, obwohl er sich für ihn aufopfert. Er lädt sich die Schwere des Kranken so lange auf, bis er selbst vollkommen schwer ist. Für einen masochistischen Charakter ist die Gefahr groß, im Umgang mit dem Depressiven selbst depressiv zu werden. Für ihn kann es gefährlich sein, einen Depressiven, der sich nicht behandeln lässt, zu pflegen, denn er nimmt nicht wahr, dass er unter der Last, die er bereitwillig auf sich nimmt, zusammenbricht. Warum ist es für ihn gefährlich, leiden die anderen Charaktere nicht auch unter der Depression? Ja. Aber die Lasten, die der Masochist zu übernehmen versucht, sind unermesslich und werden immer größer. Der masochistische Charakter überfordert sich schneller als die andere, weil er versucht, dem Kranken diese Krankheit abzunehmen, ohne zu erkennen, dass sie in ihrer Dunkelheit und Schwere unendlich ist. Egal, wie viel er dem Kranken auch abnimmt, die Krankheit legt immer nach.

Selbstverständlich gehört das Übernehmen von Lasten für andere nicht exklusiv zum masochistischen Charakter. Es gibt viele Gründe, warum wir das tun, und das Innere Kind eines jeden versucht sowieso, die Lasten des Systems zu tragen. Aber der masochistische Charakter kann nicht anders, es ist seine Natur. Deshalb sollte er sich, wenn er nicht wirklich gut für sich sorgen kann, so oft wie möglich fernhalten. Denn sein System saugt die Schwärze, die Leblosigkeit der Depression geradezu in sich auf.

Heißt das, die Charaktere, die sich nicht ganz so sehr »anzapfen« lassen, dürfen die ganze Arbeit tun? Natürlich nicht. Denn in Gefahr sind sie alle. Ihr jeweiliges System bekommt nicht genug Energie, entweder schalten sie auf Sparflamme, oder sie versuchen, auf ihre typische, sich selbst schädigende Weise Energie zu gewinnen.

Wenn der Kranke sehr uneinsichtig ist und der Angehörige sehr aus dem schmerzvermeidenden Charakter heraus agiert, ist bei jedem dieser Charaktere ein Zusammenbruch vorprogrammiert. Aber wir wollen ja lernen, gut für uns zu sorgen. So ist es sinnvoll, deine eigenen vermeidenden Strategien zu kennen.

Denn auch das kleinste bisschen Bewusstsein nimmt den oben genannten Verhaltensweisen ihre Brisanz. Noch einmal: Die verschiedenen Typen dienen der Schmerzvermeidung und wollen dich mit möglichst wenig Energieaufwand am Leben halten. Die Schmerzvermeidung ist eine lebenswichtige Eigenschaft unseres Gehirns, die immer dann greift, wenn sonst »niemand da ist«. Wenn du aber bewusster und reifer wirst, wenn du aus der Großhirnrinde heraus agierst, statt dem vorprogrammierten und auf Schmerzvermeidung sowie Lustgewinn ausgerichteten Stammhirn zu folgen, dann tritt das Notfallprogramm in den Hintergrund. Verstehst du? Die Schmerzvermeidung ist sozusagen der Bildschirmschoner, die innere Stand-by-Haltung. Schaltest du bewusst ein Programm ein, so wirkt sie zwar immer noch, aber du behältst die Entscheidungsfreiheit über deine tatsächliche Handlung.

Warum soll mir denn dieses Verhalten zur Schmerzvermeidung dienen, fragst du vielleicht, das klingt alles schon beim Lesen total anstrengend! Rigide, psychopathisch ... geht es nicht ein wenig undramatischer? Leider nein. Wenn du deine eigene Schmerzvermeidung nicht kennst und ernst nimmst, kannst du sie auch nicht bewusst und voller Selbstmitgefühl hinter dir lassen.

Denn diese Schmerzvermeidung bedingt deinen sogenannten emotionalen blinden Fleck.

Wir können diesen blinden Fleck nicht vermeiden, er wirkt einfach, egal, wie bewusst wir sind. Allenfalls können wir ihn erahnen. Denn im blinden Fleck sind die tiefste Wunde und unsere unbewusste, unmittelbare Reaktion darauf gespeichert. Diese Wunde zu spüren hätte uns, als wir Kinder waren, um den Verstand gebracht und uns womöglich dysfunktional werden lassen. Wenn wir uns nicht ganz bewusst dieser Wunde zuwenden und uns selbst mithilfe unseres gereiften Mitgefühls beistehen, dann wirkt der blinde Fleck weiter. Das macht üblicherweise nichts, wir können auch an ihm vorbeileben. Wenn wir aber mit einem Depressiven zusammenwohnen oder ihm zumindest nahe sind, dann kann uns dieser eigene blinde Fleck zum Verhängnis werden. Die Depression verstärkt alle unerlösten Themen, weil sie so viel Energie aus uns herauszieht. Wir können unsere eigenen Themen nicht länger kompensieren, weil wir die Energie für diese Kompensation nicht mehr aufbringen können. Und das ist das Geschenk der Depression. Sie lässt auch uns, die Angehörigen, deutlich spüren, auf welche Weise wir uns selbst im Stich lassen.

Deshalb folgt nun …

Übung: Die radikale Abgrenzung von allem, was dich zusätzlich belastet

Das klingt sehr einfach. Und das ist es auch. Dennoch ist diese Übung eine riesige, vielleicht deine schwerste Herausforderung.

Deshalb unterteilen wir sie in Schritte. Das Buch selbst ist klein, aber einige Übungen erfordern einen größeren Zeitaufwand. Diese gehört dazu. Gehe sie also erst an, wenn du dir ein bisschen Zeit für dich nehmen kannst. Oder weißt du was? Vergiss es, denn wann wird das wohl sein? Mache sie jetzt. Sofort.
Nimm dir etwas zu schreiben, und fange einfach an.

1. Erkenne bitte an, dass du bereits über die Maßen gefordert bist.

Warum braucht es diesen Schritt? Weil wir, solange wir es noch irgendwie schaffen, nicht erkennen, wie sehr wir unsere Kraft bereits für andere einsetzen. Es gibt immer noch jemanden, der mehr leistet, und wenn du noch dazu zum Perfektionismus neigst, dann hast du alles, was du brauchst, um dich selbst völlig auszubeuten. Ich erinnere dich daran, deshalb hast du dieses Buch gekauft: Du gibst bereits sehr viel mehr, als dir guttut. Du hast keine Reserven mehr, bist vielleicht kurz vor dem Burn-out. Mittendrin kannst du nicht sein, sonst müsste ich dich nicht daran erinnern, dass du keine weiteren Belastungen mehr auf dich nehmen darfst. Wenn du mitten im Burn-out bist, dann weißt du das, und dann kannst du auf einmal auch Nein sagen, denn es geht um nichts weniger als um dein Leben. Aber solange es noch irgendwie geht ... oder? STOPP. Es geht eben nicht mehr. Erkenne das bitte an. Lasse es mich dir einfach sagen, und glaube mir.

Schreibe ein großes »Stopp« auf das Papier, oder male ein Stopp-Schild.

2. Erkenne, wer und was dir zusätzlich Energie raubt.

Mache bitte eine Liste. Das ist nicht spektakulär, aber Listen sind nun einmal sehr hilfreich. Schreibe dir alle energieraubenden Situationen auf, die dir in den Sinn kommen, auch wenn du nicht weißt, ob und wie du sie ändern kannst.
Setze danach die Situationen auf die Liste, die dir Kraft geben.

Schreibe dir dann bitte Situationen und vor allem Personen auf, mit denen du täglich zu tun hast, dazu gehören auch deine Freunde und die anderen Familienmitglieder. Deinen Beruf schreibst du bitte auch auf die Liste.

»ABER ...«, sagst du, und ja, natürlich kannst du nicht alles ändern. Es geht zunächst einmal darum, dir darüber bewusst zu werden, ob dir etwas dient und Kraft gibt oder ob es dir Kraft raubt. Meistens bemerken wir es gar nicht, weil wir sowieso schon so im Dienen und im Selbstaufopfern sind.

Und als Letztes schreibe bitte deine Angewohnheiten, jene, die dich schwächen, und jene, die dich stärken, auf. Denn meistens rauben uns unsere negativen Angewohnheiten am meisten Kraft. Schiebst du alles auf die lange Bank? Räumst du deine Wohnung nicht auf? Bist du perfektionistisch? Rauchst, trinkst oder isst du zu viel? Sagst du viel zu oft Ja, statt dem Gegenüber (damit meine ich nicht den Erkrankten) auch einmal ein Nein zuzumuten? Gehst du manchmal ins Grüne, und betätigst du dich ab und zu sportlich? Gehst du tanzen? Auf welche Weise ziehst du dich selbst immer runter? Wie stärkst und ermutigst du dich? Bitte sei ganz ehrlich, denn diese Angewohnheiten kannst du am einfachsten ändern. Einfach, nicht unbedingt leicht. Denn sie haben sich eingeschlichen, und es braucht Energie, die du vermutlich nicht hast oder nur schwer aufbringen kannst, um sie zu ändern.

Gehe die Liste bitte noch einmal durch, und setze jetzt überall Zahlen dahinter: von -10 bis +10, die Null ist neutral.

Die Situationen, die dir am meisten Energie rauben, bekommen eine -10, das, was dich erfreut, eine +10.
Und dann mache dir die Mühe, und rechne die Gesamtsumme aus. Wenn weniger als eine positive fünf unterm Strich steht, dann darfst und solltest du die Notbremse ziehen.
»Aber wie?«, fragst du, und ich sehe deinen Schmerz. Moment noch.

3. Sage Nein zu allem, was dich belastet.

»Super, gerade das kann ich ja nicht«, sagst du, und ich sage: »DOCH.« Ich meine nämlich wirklich nur das. Schaue dir die Liste an, und sage laut und deutlich Nein zu allem, was dir nicht guttut. Gern im stillen Kämmerlein. Aber laut.

4. Übernimm Verantwortung für dein Wohlbefinden.

Schaue dir deine Liste noch einmal an, und gucke, welche Angewohnheiten oder Personen im Bereich -1 oder -2 liegen.
Hier kannst du leicht etwas ändern, denn hier ist nicht viel negative Ladung drauf. Gerade weil sie dich nicht so sehr schwächen, nimmst du sie vielleicht nicht ernst. Aber du weißt, dass jede negative Zahl die Summe nach unten korrigiert, deshalb lohnt es sich, auch

die kleinen Schwächungen ernst zu nehmen. Damit gewinnst du die Kraft, irgendwann auch die größeren Angelegenheiten zu bereinigen. Ich sage dir, es lohnt sich, zunächst die kleineren Ärgernisse und Energieräuber zu entsorgen. Denn das trainiert deine Selbstverantwortung.

Welche Situationen und Angewohnheiten liegen bei mindestens +7? Diese stärke bitte, indem du dich noch mehr damit beschäftigst. Du übernimmst dadurch bewusst die Verantwortung für dein Wohlbefinden. Meistens glauben wir, wir müssten dramatisch Nein sagen lernen. Nun, es hilft durchaus, aber nicht nur. Es ist auch schon ein sehr großer Schritt, sich mehr Wohlbefinden zu erlauben und Kleinigkeiten zu bereinigen.

Es ist für uns Angehörige beinahe nicht auszuhalten anzuerkennen, dass wir dieser Krankheit, die der ganzen Familie so viel Leid zufügt, tatsächlich machtlos gegenüberstehen. Und dennoch ist die Anerkennung der Machtlosigkeit in vielen spirituellen Systemen der erste Schritt zur Heilung. Sie gehört untrennbar zur Selbstverantwortung, denn du kannst nur für etwas verantwortlich sein, auf das du auch Einfluss hast. Deshalb ist es für unsere eigene Genesung wesentlich, dass wir unsere Machtlosigkeit in Bezug auf die Gefühle anderer Menschen anerkennen. Damit wir aus der Co-Abhängigkeit aussteigen. Denn Co-Abhängige glauben, sie müssten sich nur genügend anstrengen, dann könnten sie alles in Ordnung bringen. Scheitern sie, ist das nur ein Grund, sich noch mehr aufzuopfern und noch mehr zu kontrollieren, sich und die anderen.

»Wir geben zu, dass wir der Not unseres Angehörigen gegenüber machtlos sind und unser eigenes Leben in Bezug auf die Depression nicht mehr meistern können.«

So könnte der erste Schritt lauten, wenn wir uns an die zwölf Schritte der Anonymen Alkoholiker anlehnen. Warum ist das sinnvoll? Weil es stimmt. Weil wir erst, wenn wir anerkennen, dass unsere herkömmliche Weise, die Situation zu meistern, zum Großteil gescheitert ist, offen sind für neue Ansätze.

Das Wichtigste: Bringe dein Inneres Kind in Sicherheit. (Dazu später mehr.) Es kann mit der Schwere, der Unfreundlichkeit, der unterschwelligen Aggression, die eine Depression mit sich bringt, nicht umgehen, und das muss es auch nicht. Ein Beispiel?

Du kommst nach Hause, alles ist gut, du bist gut drauf und warst erfolgreich oder hattest einfach einen schönen Tag. Du betrittst das Haus – da ist sie, diese schwere Müdigkeit, die dich oft überfällt. Doch du kennst diese Schwere schon, du hast geübt, sie nicht in dir wirken zu lassen, und bleibst bei dir. Du betrittst das Wohnzimmer, lächelst deinen Partner oder dein Familienmitglied an, entschieden, dich nicht von der Dunkelheit beeindrucken zu lassen. Es darf dir gut gehen, auch wenn es dem anderen nicht gut geht. Du weißt, dass du das Leid der Welt nur vergrößerst, wenn du deines hinzufügst. Üblicherweise gelingt dir das auch, doch heute hörst du nur: »Lass mich bitte in Ruhe.«

»Was ist passiert?«, fragst du erschrocken und fürsorglich, nicht kontrollierend, sondern ehrlich interessiert. Und da kommt es.

»Kann man nicht einmal in diesem Haus einfach in Ruhe gelassen werden?«, knallt es dir entgegen.

Und nun?

»Doch, kann man«, erwiderst du schnippisch und verletzt, und das darfst du auch sein. Du verlässt das Wohnzimmer und verbringst die nächste Viertelstunde damit, dich selbst neu zu sortieren. Mehr oder weniger erfolgreich. Vermutlich kontrollierst du deine Reaktionen und redest dir ein, das alles hätte nichts mit dir zu tun oder was du dir sonst noch ausdenkst, um die Situation auszuhalten. Es ist sehr schön, dass du das tust und den Kranken schonst. Denn du weißt, dass er nichts dafürkann, und das stimmt auch. Aber du auch nicht. Und so sehr du auch versuchst, dich selbst innerlich zu halten und zu beschwichtigen, der Stachel bleibt. Du ziehst dich innerlich zurück, etwas in dir verstärkt deine Habachtstellung, und das ist es, was am meisten schmerzt – die Nähe zum Depressiven ist gefährlich. Wie immer, wenn jemand unkontrollierbar um sich schlägt, sei es durch eine Sucht oder eine Krankheit (natürlich ist auch eine Sucht eine Krankheit), kannst du dir echte Nähe und echtes Vertrauen zu ihm nicht leisten. Es tut einfach zu weh, sich dem anderen zu öffnen, das ganze Herz zu verschenken und dann, aus heiterem Himmel, das Messer ins Herz gestoßen zu bekommen. Das klingt drastisch, aber so fühlt es sich auch an. Wir können die Beziehung zu dem Depressiven nicht meistern. Du kennst das. Wir müssen anerkennen, so weh es auch tut, dass es Bereiche in uns gibt, die wir vor der Krankheit des geliebten Menschen schützen müssen, damit wir uns so viel Nähe zu ihm erlauben können wie überhaupt nur möglich.

Einige von uns haben einen sehr hohen Anspruch an sich selbst, vielleicht gehörst du dazu: Du willst deinen Angehörigen bedingungslos lieben und bist entsetzt darüber, dass du doch immer wieder zurückzuckst, verletzt wirst und entsprechend wütend oder traurig wirst. Besonders wenn du dem schizoiden Charaktertypus entsprichst, blendest du bewusst all die Gefühle in dir aus, die dir nicht gefallen, und schämst dich dafür, nicht immer voller Licht, Mitgefühl und Freundlichkeit zu sein. Du wirst dir immer neue Gedankenkonstrukte erschaffen, um ja nicht die unerwünschten Verletzungen spüren zu müssen.

Übung: Den eigenen Schmerz anerkennen und in Frieden damit kommen
Technik: Der leere Stuhl

Nimm bitte wieder zwei Stühle (oder zwei Kissen), und stelle sie einander gegenüber. Der eine Stuhl steht wieder für dich. Der andere steht für den Teil in dir, der ausdrücklich unter der Depression leidet. Das kann das Innere Kind sein, die gescheiterte Geliebte, der hilflose Ehemann. Du musst nicht wissen, welcher Anteil das ist, deine Absicht, diesen Anteil dir gegenüberzuplatzieren, genügt. Setze dich zunächst auf den Stuhl, der für dich in deiner Gesamtheit steht.
Wie nimmst du den Anteil, der dir gegenübersitzt, wahr? Kannst du ihn dir gut anschauen, oder willst du nichts mit ihm zu tun haben? Sprich alles aus, was du sagen willst, oder schreibe es auf.

Wechsle dann die Position, und setze dich auf den Platz des durch die Depression verletzten Anteils.

Lasse dir Zeit, ihn zu fühlen, egal, wie es dir damit geht. Du brauchst nichts zu analysieren oder zu verstehen, lasse dich einfach fühlen, was du eben fühlst.
Erlaube dir, alles auszusprechen, was du auf diesem Platz fühlst, egal, was es ist. Für diesen Anteil in dir ist es schlicht deine gefühlte Wahrheit.

Hast du diesen Platz genug gefühlt (ohne ihn zu verändern), dann wechsle erneut die Position. Setze dich also wieder auf deinen ersten Platz. Schaue nun auf den verletzten Anteil. Wie geht es dir jetzt, wo du diese Verletzungen so deutlich gespürt hast? Kannst du die Gefühle des verletzten Anteils auf diesem Platz noch nachvollziehen, oder sind sie hier verschwunden?

Wie auch immer du dich jetzt fühlst, verneige dich bitte vor dem Platz des verletzten Anteils, und sage laut: »Ich sehe deinen Schmerz, und du hast mein volles Mitgefühl.«

Du sagst das also zu dir selbst, zu dem Anteil in dir, der ganz besonders unter der Depression leidet, der die ganze Last trägt. Während du das sagst, kannst du fühlen, ob das stimmt. Schenkst du dir selbst tatsächlich dein volles Mitgefühl? Nimmst du deinen Schmerz wirklich wahr?
Wie geht es dir, wenn du dich vor dir verneigst und deinen Schmerz voller Mitgefühl für dich selbst anerkennst?

Lasse dich spüren, wie sich die Energie dieses Platzes wandelt, weil du diesen Satz gesagt hast. Dann wechsle bitte wieder die Position. Setze dich also wieder auf den Platz des Anteils, dessen Schmerz du gerade eben anerkannt und gewürdigt hast.

Wie fühlt sich das nun an? Gibt es Veränderungen? Probiere einmal bitte laut diesen Satz zu sagen, egal, ob er stimmt oder nicht: »Ich bin bereit, mit dem, was mir die Depression angetan hat, in Frieden zu kommen.«

Das ist eine immense Herausforderung, vor allem, wenn du unter der vollen Wucht dieser Krankheit leiden musstest und einen Angehörigen verloren hast.
Doch wie fühlst es sich an, diesen Satz zu sagen? Kannst du das gar nicht, weil du noch nicht bereit bist, in Frieden zu kommen, dann probiere Folgendes, du kennst diese Übung schon: »Ich gebe das Bedürfnis nach Leid und Schmerz (oder was immer du fühlst) auf.«

Bleibe auf dem Platz sitzen, und wisse, dass du das nicht alles auf einmal zu lösen brauchst. Du kannst diese Übung so lange immer wieder machen, bis du tatsächlich in Frieden kommst oder zumindest dazu bereit bist. Das Wichtigste ist, dass du dich vor deinem eigenen Schmerz verneigst und dir selbst dein volles Mitgefühl schenkst. In Frieden kann man nur kommen, wenn der Schmerz, die Verletzungen in all ihrer Tiefe und Brisanz anerkannt, gewürdigt und wahrgenommen wurden.

Erlebst du, dass du bereit bist, in Frieden zu kommen, auch wenn du vielleicht noch nicht weißt, wie, dann wechsle noch einmal den Platz. Du sitzt jetzt also wieder auf dem Platz, der dich in deiner Gesamtheit vertritt. Verneige dich jetzt wieder vor dem verletzten Anteil, und sage ihm laut: »Ich achte dich für deine Bereitschaft, mit der Depression und ihren Folgen in Frieden zu kommen. Ich achte dich dafür. Du hast meine volle Anerkennung.«

Du kannst deine Gefühle dem Kranken gegenüber nicht kontrollieren, genauso wenig wie du seine Erkrankung in den Griff bekommen kannst. Das musst du aber auch gar nicht. Im Gegenteil. Wenn du das anerkennst, kann es sein, dass du eine riesige Erleichterung fühlst. Deshalb gleich die nächste Übung:

Übung: Kapitulation erleben, Machtlosigkeit anerkennen
Technik: Der leere Stuhl

Stelle bitte zwei Stühle (oder zwei Kissen) in den Raum, einen für dich und einen für deinen Partner oder denjenigen, um den es geht. Stelle sie in dem Abstand auf, der sich für stimmig anfühlt – nicht so, wie du es gern hättest, sondern so, wie du es tatsächlich wahrnimmst. Es kann gut sein, dass der Stuhl des Erkrankten zum Fenster weist oder zur Tür strebt. Setze dich nun bitte auf den Stuhl, der für dich steht.
Wie geht es dir, wenn du hier sitzt? Nimm bitte alles wahr, ohne es zu verändern, erlaube dir zu fühlen, was du eben fühlst.

Lasse nun all diese Gefühle in dir zu einer Wolke oder zu farbigem Rauch werden, es darf auch Qualm sein. Eventuell sind deine Gefühle giftig, das darf so sein, wie es ist. Sei ganz ehrlich. Nun folgt eine immense Herausforderung:
Lasse diese dunkle Qualmwolke zu deinem depressiven Gegenüber strömen. Umnebele ihn damit. Nein, du drückst ihm damit nicht deine Schwere auf. Probiere es bitte aus, ich verspreche dir, es dient dem Leben, ich habe es gerade eben auch getan. Schicke all den Rauch, all deine Gefühle zu ihm hin und in ihn hinein. Du fragst

dich, ob du ihm das antun willst. Geht es ihm nicht schlecht genug? Doch jemanden zu schützen oder jemanden zu schonen sind zwei unterschiedliche Absichten.
Denn was geschieht nun? Ich erlebe es so: In meinem Gegenüber, der so oft teilnahmslos dasitzt, rührt sich etwas. Es ist, als würde ein bewusster und gesunder Anteil beginnen, sich zu wehren. Nicht gegen meine Gefühle, die zu ihm strömen, sondern gegen seine eigene Schwere. Warum ist das so? Weil er durch deinen Qualm einen emotionalen Spiegel vorgehalten bekommt und aus der Lethargie geholt wird. Etwas in ihm, etwas Starkes, wacht auf oder bewegt sich zumindest.
Das Wichtigste aber: Wie fühlst du dich nun?*

Kannst du Erleichterung wahrnehmen? Gehe bitte noch einen Schritt weiter. Stelle dir eine Situation vor, in der du dich schlecht gefühlt hast, dich selbst im Stich gelassen hast oder ungerecht zu deinem Angehörigen warst. Erlaube dir, deine Gefühle wieder zu fühlen, ungeschminkt und echt. Alles andere nutzt sowieso niemandem etwas. Verwandle die Gefühle in Rauch, Qualm oder farbiges Licht, aber beschönige sie nicht. Traurigkeit, Scham und Schmerz kommen üblicherweise nicht als rosa Glitzer daher. Müssen sie auch nicht. Emotionale Aufrichtigkeit zu erlernen ist ja gerade das Geschenk der Depression.
Und nun lasse diesen Qualm oder den Nebel in die Situation von damals, die dich so beschämt oder traurig macht, hineinströmen. Ja, auch zu dir selbst hin. Du brauchst einen emotionalen Spiegel, damit du lernst, besser für dich zu sorgen. So schaue nun innerlich: Was verändert sich? Verändert sich womöglich auch die Situation

* Dieser Aspekt der Übung, das Strömen, kommt aus dem ThetaFloating von Esther Kochte.

von damals? Sei dabei ganz offen, es gibt kein »Wunschergebnis«. Lasse einfach das geschehen, was geschieht, und vertraue dem Prozess. Er klärt die Emotionen und bringt die gefühlte und erlebte Wahrheit ans Licht. Und das dient immer der Heilung.
Ich erlebe es so: Ein Teil in mir hebt den Kopf und erkennt, was ich mir selbst gerade antue und zumute, etwas in mir erwacht aus der Opferrolle und wird stärker, kann besser für sich selbst sorgen – ohne den anderen zu überfahren oder zu benachteiligen!

Nachdem du diese innere Übung abgeschlossen hast, kannst du entweder für heute aufstehen und die Übung beenden oder für einen weiteren Prozess sitzen bleiben.

Schaue nun auf den anderen Stuhl, und nimm wahr, wie es dir geht, wenn du dir deinen Angehörigen auf diesem Stuhl vorstellst. Sage nun laut: »Ich sehe deinen Schmerz. Und du hast mein volles Mitgefühl.«
Nimm wahr, wie es sich anfühlt, wenn du diese Worte aussprichst. Und ob es überhaupt stimmt! Stimmt es nicht, dann sage auch das laut. »Nein, das stimmt nicht, du hast nicht mein Mitgefühl, sondern ich bin wütend ...« Oder was eben für dich passt.
Und nun schaue noch einmal zum anderen.
Verneige dich, und sage: »Ich achte dein Schicksal. Ich lasse deines bei dir, und ich nehme meines zu mir zurück.«

Lasse diese Worte wirken.

Schaue nun wieder zum anderen Stuhl, und stelle dir vor, es läge eine goldene Acht um dich und den anderen herum, der Kreuzungspunkt ist in der Mitte. Vielleicht willst du sogar eine echte Acht

um euch herumlegen, nimm dazu goldenes Geschenkband. Hast du keines da, so möchtest du diese Übung später vielleicht noch einmal mit diesem goldenen Band wiederholen, das ist sowieso sinnvoll, denn all das sind Werkzeuge, die du oft nutzen darfst und solltest. Führe sie heute dann eben nur in Gedanken durch, es ist deine Absicht, die ausschlaggebend ist.
Die goldene Acht sorgt zunächst für den nötigen energetischen Abstand, du spürst dich selbst besser. Wenn einen die Krankheit des anderen in ihren Bann zieht, dann geschieht genau das: Ein Bannkreis entsteht. Das ist ein Kreis, der um euch beide herumliegt. Du kannst so weit gehen, zunächst einen Kreis aus Geschenkband um euch zu legen und dich auf deinen Stuhl zu setzen. Wie fühlt sich das an? Schwammig irgendwie, du spürst dich nicht wirklich, richtig? Stehe nun auf, nimm diese Schlinge, und verdrehe sie zu einer Acht. Lege diese Acht um euch beide, sodass jeder Stuhl in seiner eigenen Schlaufe steht. Setze dich wieder. Spürst du den Unterschied? Das ist eine bewusste Absichtserklärung. Du versprichst dir selbst damit, dich nicht wieder in den Bann ziehen zu lassen.

Stelle dir nun vor, dass diese Acht um euch herumkreist, in welche Richtung, wirst du schon sehen. Das kann jedes Mal anders sein. Die Acht räumt nun zwischen euch auf: Alles, was du für den anderen trägst, was du von ihm übernommen hast, strömt zu ihm zurück. Alles, was du ihm überlassen hast, fließt in deine Seite der Acht und steht dir wieder zur Verfügung. Wenn du befürchtest, der andere könnte unter der Last, die du für ihn getragen hast, zusammenbrechen, dann rufe seine Schutzengel oder seine Krafttiere, und bitte sie, all die Schwere zu übernehmen und zu erlösen. Du kannst und brauchst seine Lasten nicht zu tragen, aber der andere kann es womöglich auch nicht. Es gibt immer gute Kräfte, die für uns das tun, was wir nicht selbst können – wir brauchen sie nur zu rufen.

Co-Abhängigkeit und das Innere Kind

Ich habe schon einige Male gesagt: Du kannst die Übungen umsetzen, denn du bist ja nicht krank. Was aber, wenn das nicht stimmt? Was, wenn dich die ungesunde Familienkonstellation krank gemacht hat? Was, wenn du zwar nicht depressiv bist, aber dennoch nicht gut für dich sorgen kannst, handlungsunfähig bist wie der Depressive – was, wenn du co-abhängig geworden bist, weil du gar nicht anders konntest?

Reden wir über dich als Kind. Das Innere Kind ist der Anteil in dir, der all deine Kindheitserfahrungen, bewusste und unbewusste, in sich trägt und der sich aufgrund dieser Erfahrungen eine bestimmte Weltsicht konstruiert hat. Diese Weltsicht des Inneren Kindes ist geprägt von Schmerzvermeidung und vom für das Kind lebenswichtigen Bedürfnis nach Sicherheit. Weil für ein Kind Sicherheit und Schmerzfreiheit (als Ausdruck und Indiz von Sicherheit, denn hast du Schmerzen, bist du nicht in Sicherheit) die höchste Priorität haben, ist es bereit, wirklich alles zu tun, um diese nicht zu gefährden. Bekommt ein Kind nicht das, was es braucht, ohne dass es dafür eine energetische Gegenleistung bringen muss, so lernt das Kind, sich auf eine bestimmte Weise zu verhalten und bestimmte Verhaltensweisen zu vermeiden. Kinder sind vollkommen davon abhängig, dass sie jemand versorgt, und sie tun unbewusst alles, damit diese Versorgung gewährleistet bleibt, egal, was es sie kostet. Alles ist besser, als zu sterben, zumindest sieht das das Emotionalhirn so. Im Emotionalhirn finden wir einen Bereich, der »Mandelkern« heißt, weil er aussieht wie eine Mandel, die sogenannte Amygdala. An dieser Stelle entscheidet sich, ob das Gehirn eine Situation als bedrohlich einstuft oder nicht. Dabei spielen die Emotionen des Kindes eine tragende Rolle. Unangenehme Gefühle sorgen dafür, dass die Amygdala Alarm schlägt. Die Amygdala stuft eine Situation immer dann als potenziell gefährlich ein, wenn diese Situation unangenehme Gefühle hervorruft. Augenblicklich werden Stresshormone ausgeschüttet, das Kind erlebt einen Flucht-, Angriffs- oder Totstellreflex.

Lebst du mit einem depressiven Angehörigen, dann befindest du dich in einer emotional sehr unsicheren Lage, denn du weißt nie, auf was du dich einstellen musst. Hast du eine depressive Mutter, einen depressiven Vater, dann konntest du als Kind nie sicher sein, versorgt zu werden. Männliche Depressionen werden oft nicht erkannt, weil Männer, sind sie depressiv, statt zum Rückzug oft zu Aggressionen neigen. Die männliche Depression zeigt sich vollkommen anders als die weibliche, ähnlich wie sich auch der weibliche Herzinfarkt völlig anders darstellt als der männliche und deshalb oft nicht gleich erkannt wird. Womöglich waren sogar beide Elternteile depressiv, der eine in sich gekehrt, abgeschottet, der andere wütend und aggressiv.

Dein Inneres Kind ist ständig in Not, wenn du jemanden um dich hast, der depressiv ist, egal, wie alt du bist. Deine Sehnsucht nach Nähe, nach Geborgenheit, nach Liebe und nach Sicherheit wird ständig enttäuscht, die Angst vor dem Verlassenwerden dagegen andauernd geschürt. Gleichzeitig ist auch das Innere Kind des Depressiven zutiefst bedürftig, ständig auf der Suche nach Geborgenheit und Stabilität. Es wird sich unweigerlich an dich klammern, wenn du dich um den Kranken kümmerst, und zwar egal, wie alt du selbst bist. Es kann also sehr gut sein, dass du bereits als kleines Kind, sogar als Baby, das Innere Kind deiner depressiven Mutter oder deines kranken Vaters tragen und nähren musstest.

Auf welche Weise verletzen also depressive Eltern ihre Kinder? Es ist wichtig, das zu verstehen, damit du dich selbst innerlich gut versorgen kannst. Erst wenn du deinen Schmerz anerkennst, kann er heilen.

In der Kindheit wirkt die unbewusste Schmerzvermeidung ganz besonders stark. Warum? Weil du als Kind nicht in der Lage bist, Ereignisse bewusst zu verarbeiten. Dein Gehirn ist einfach noch nicht ausgereift, du beziehst alles, was geschieht, auf dich, egal, ob es mit dir zu tun hat oder nicht. Du spürst alle Emotionen, auch die der anderen, und kannst nicht unterscheiden, ob es deine eigenen sind oder nicht. Kinder weinen gleich mit, wenn ein anderes weint. Sie können nicht zwischen ihrem eigenen und dem Schmerz, der Müdigkeit, der Enttäuschung oder dem Hunger eines anderen Kindes unterscheiden. Als Kind kannst du nicht erkennen, ob die Emotionen der anderen Menschen der Situation überhaupt angemessen sind, und du bist schon gar nicht in der Lage, dich selbst emotional zu stabilisieren.

Das alles ist schwierig genug, wenn du gesunde Eltern hast, denn auch die gesündesten Eltern können nicht ständig auf den emotionalen Zustand ihrer Kindes achtgeben.

Sind deine Eltern gesund (die Fähigkeit, achtsam, liebevoll und fürsorglich zu sein, gehört für mich untrennbar zur Definition von »emotional und geistig gesund«), so trösten sie dich, sie geben dir Halt, sie erlauben dir, deine Emotionen zu durchleben, und sind für dich da. Dadurch greifen deine emotionalen Selbstheilungskräfte: Du fühlst etwas, erleidest gar einen Schock, doch weil du gehalten wirst, weil du im Schmerz gesehen wirst, weil dir geglaubt wird, kannst du deine Gefühle durchleben, und die Welle ebbt ab. Emotionale Wellen sind völlig normal.

Doch wirst du nicht gehalten, nicht gesehen, weil deine Eltern selbst krank sind oder durch die Krankheit eines Elternteils oder eines Geschwisters nicht in der Lage sind, sich angemessen um dich zu kümmern, so musst du selbst klarkommen. Als Kind kannst du das aber nicht. Du kannst dir noch nicht selbst auf gesunde Weise Trost und Zuversicht spenden. Warum nicht? Weil dein Gehirn noch nicht weit genug entwickelt ist. Weil du, um das zu können, eine bestimmte Fähigkeit brauchst: Du musst erkennen können, wer du bist und wer du nicht bist, du brauchst ein Ich-Bewusstsein. Dieses Ich-Bewusstsein entsteht aber gerade erst, und es braucht viel Schutz und Geborgenheit, um auf gesunde Weise heranzureifen. So reagierst du als Kind unbewusst mit Schmerzvermeidung statt mit echter Verarbeitung. Du versuchst, die Situation zu kontrollieren, die dich ängstigt, indem du dich auf eine bestimmte Weise verhältst. Natürlich scheiterst du. Noch nie wurde eine Depression durch das Bravsein und die Selbstaufopferung eines Kindes geheilt.

Du bist zutiefst in Not, wenn deine Eltern an einer unerkannten und unbehandelten Depression leiden.

Hier die Stimmen einiger Betroffener:

»... ich frage mich seit ein paar Tagen, warum ich das Gefühl habe, dass ich alles alleine machen muss, dass meine Gedanken allen anderen unwichtig sind, dass ich mich niemandem anzuvertrauen brauche, vielmehr ich mich niemandem anvertrauen darf. Es ist ganz tief in der Kindheit versteckt. Meine Mutter war nicht nur depressiv, sie lebte in ihrer eigenen Welt. Wenn ich es wagte, sie anzusprechen, dann schrie und brüllte sie, machte mich für ihr Unglück verantwortlich. Ich entsprach nicht dem, was sie sich wünschte. Ich hatte jedes Mal eine Todesangst, wenn ich wirklich ihre Hilfe benötigte. So mit sechs Jahren habe ich aufgehört zu fragen. Habe das, was ich bereits konnte, selbst gemacht, und so einfach verlernt, andere in meine Gedanken miteinzubeziehen, um Hilfe zu bitten und Hilfe annehmen zu können. In ganz wichtigen Dingen fällt es mir heute noch verdammt schwer, dieses Muster zu durchbrechen. Die Angst, dass mich Personen, die mir so wichtig sind, als schwach, unnütz und zu nichts zu gebrauchen sehen, steckt so tief in mir ... Diese Enge der eigenen Verzweiflung, der Unfähigkeit. Lieber scheide ich aus meinem Leben, als ihr so viel Kummer zu machen. Ich spüre diese Enge gerade ganz stark.«

»... am schlimmsten und am meisten prägend ist für mich gewesen, dass mein depressiver Vater sich fast immer aus dem Familienalltag rausgenommen hat und in seiner Welt lebte, in der ich ihn nicht erreichen konnte. Und dass ich mich nicht auf ihn verlassen konnte, ›weil es ihm nicht gut ging und er seine Ruhe brauchte‹. Es hing oft eine Art dunkler Schleier über allem. Ich habe viele Jahre gebraucht und arbeite noch immer daran zu erkennen, dass es normal ist, dass sich ein Gegenüber wirklich für einen interessiert, und dass Zuverlässigkeit an sich etwas Selbstverständliches ist.«

»Ich nehme bei meinem Sohn sehr stark wahr: Verlassensängste, vor allem wenn ich zu wenig auf mich achte und die Energie zu kippen droht ... auch spielt er oft den Kasper, wenn ich zu viel grüble. Von mir selbst kenne ich das Gefühl, dass ein Teil fehlt, dass ein Platz in mir leer geblieben ist, dass dieser Teil sehr früh von mir selbst eingenommen wurde, dass etwas einfach zu früh erwachsen werden musste, nicht Kind sein konnte.«

»Ich habe als Kind oft die graue Wolke wahrgenommen, in der mein Vater sich befunden hat, es war bei mir oft der Versuch/Wunsch da, ihm die Farben zu zeigen, die Leichtigkeit, die Freude.

Das Gefühl, etwas geben zu müssen, weil dem anderen so viel fehlt, hat damals schon begonnen. Das Gefühl, ein schwarzes Loch zu füttern, das einem selbst alles entzieht.

Heute ist damit verbunden: Angst, dass mir etwas weggenommen wird, dass ich nicht genug gebe, damit es dem anderen gut geht, dass ich die negative Energie nicht ertragen kann, ich nicht genug Kraft habe.

Als Kind war da auch oft das Gefühl, dass mich diese Wolke erschlägt und mir meine Energie entzieht, ich nehme jetzt auch tief verborgene Todesangst wahr, die, wie von meiner Mutter vorgelebt, unterdrückt wurde.«

»Liebe Susanne, ich bin depressiv, beim Alkoholiker würde man wohl sagen ›seit längerem trocken‹. Ich habe einen Sohn, der meine schlimmsten Zeiten miterlebt hat. Ich war damals alleinerziehend, und er hat schwere Verlustängste davongetragen, hatte lange (und hat auch teilweise noch) extreme Probleme mit Ängsten. Ich glaube, das Schlimmste für ihn war, dass er sich Gedanken machte (mit acht Jahren), was mit ihm passiert, falls es mich nicht mehr geben sollte. Er hat viele Aufgaben eines Erwachsenen übernommen und versucht, für mich da zu sein. Was ihn natürlich überfordert hat. Aber ich habe inzwischen gelernt, meine Erkrankung als Chance zu sehen, und einen Beruf daraus gemacht. Mein Sohn ist dadurch sehr sensibel und feinfühlig geworden – seinen Altersgenossen, was das angeht, weit voraus. Ich habe mit ihm sehr viel gearbeitet und ›an ihm arbeiten lassen‹. Wir sehen das Positive, das, was wir daraus gewinnen konnten.«

»... was mich an der Depression meines Vater am meisten verunsichert hat, war, dass ich nie wusste, wann ein Anruf kam, dass er wieder im Wald war. Ich hatte dadurch oft das Gefühl, versagt zu haben und schuld an dem Ganzen zu sein. Was dadurch entstanden ist: immer tüchtig, hilfsbereit und liebevoll zu sein. Was dann manchmal zu viel wird.

Doch ich übe weiter, auch wenn mein Vater es letztlich geschafft hat, sich umzubringen. Er hatte es angekündigt, doch mir hat keiner mehr geglaubt.«

»Meine Mutter war während meiner Kindheit depressiv und hatte deshalb nicht den Mumm, meinen aggressiven Vater um ihret- und meinetwillen zu verlassen. Durch meinen Vater wurde meine Psyche in Mitleidenschaft gezogen.«

»Liebe Susanne, meine Mutter war schwer depressiv. Sie hat ihre Kriegstraumatisierungen nicht verarbeitet. Außerdem hatte mein Vater über Jahre ein heimliches Verhältnis mit einer gemeinsamen Freundin, und unter solcher Heimlichkeit leidet man sicher ganz besonders. Meine Mutter ist vor acht Tagen gestorben. Sie wurde einhundertvier Jahre alt. Sie hat nicht darauf reagiert, dass mein Vater mich sexuell missbraucht hat, sie hat es ›nicht gemerkt‹. Sie war viel zu beschäftigt mit sich selbst. Später hat sie häufig mit Suizid gedroht und viele Suizidversuche unternommen. Sie hat sich ins Fenster gestellt, hysterisch geschrien, ich solle ihr sagen, dass ich sie liebe, sonst springe sie runter, und ich habe nur gedacht: Spring doch. Ich war voller Hass auf sie. Sie hat unsere Beziehung völlig zerstört mit diesen Suizidversuchen, den Drohungen, dem manipulierend eingesetzten Leiden und dem unbeschreiblichen, allgegenwärtigen emotionalen Druck. Ich hatte meine ganze Kindheit hindurch immer, immer Angst vor ihr. Diese Hölle zu Hause trieb mich aus dem Haus, als ich siebzehn war. Ich wurde mit siebzehn schwanger, um aus dieser Hölle wegzukommen. In der Ehe wurde ich misshandelt. Ich bin mit ihm zwanzig Jahre zusammengeblieben. Ich war an Misshandlung – emotional und körperlich – gewöhnt. Und die unverarbeiteten Gefühle aus der Kindheit durch meine depressive, nicht schützende Mutter habe ich mit dieser Ehe ›in Schach gehalten‹: Mit meinem misshandelnden Ehemann zusammen zu sein war weniger schlimm, als die Gefühle durchleben zu müssen, die lauerten, wenn ich an Trennung dachte. Irgendwann habe ich mich aber getrennt, und die Gefühle, die dann zu verarbeiten waren, die aus dieser Kindheit noch da waren, waren so unglaublich schrecklich, unerträglich, haben mich berufsunfähig gemacht, und ich habe zehn Jahre gebraucht, wieder annähernd arbeitsfähig zu werden. Eine depressive Mutter ist einfach keine Mutter. Und ich war zu jedem Zeitpunkt meiner Kindheit zu klein, um keine Mutter zu haben. Meine depressive Mutter verlangte von der Welt und auch von mir als Kind, dass wir ihr Leid von ihr nehmen, und weil wir das nicht taten, weil wir es ja nicht konnten, litt sie noch mehr. Eine depressive Mutter ist eine Mutter, die nicht für sich selbst sorgt. In der Zeit der Aufarbeitung habe ich alleine die Tatsache, dass sie nicht für sich gesorgt hat, als brutale Gewalt erlebt. Sie hat mich in meiner kindlichen Unschuld zutiefst vergiftet mit ihrem unverarbeiteten Leiden, ihrer Tatenlosigkeit und Opferhaltung. Ich arbeite immer noch daran, dieses Gift aus mir auszuleiten und andere Lebenshaltungen zu erlernen. Ich hatte bis zur Zeit der Aufarbeitung im Alter von fünfzig Jahren IMMER furchtbarste, unerträgliche Angst davor, dass meine Mutter stirbt. Es hat so lange gedauert, bis ich mein Inneres Kind in dieser Angst verstanden habe und es versorgen konnte.«

»... meine Eltern sind beide chronisch unzufrieden mit sich und dem Leben und dadurch depressiv. Sie schweben ständig in Ängsten, können schlecht loslassen und sich abgrenzen und kümmern sich, um von sich abzulenken, nur allzu gerne aufopfernd um andere. Leider habe ich erst zu spät gemerkt, dass ein Kind, also ich, wohl hier die Rettung sein sollte.

So habe ich schon sehr früh anfangen müssen, ihnen das Leben so angenehm wie möglich zu gestalten. (›Wir sind immer alle füreinander da, haben uns lieb, trennen uns nie‹ etc.). Früh übernahm ich Verantwortung für ihr psychisches Wohlergehen, und da aus ihrem Verhalten auch körperliche Leiden resultierten, später dann auch dafür.

Da das Resonanzgesetz auch vor Eltern nicht haltmacht, kamen bei meiner Mutter bald Krankheiten wie Diabetes, Bluthochdruck, Allergien aller Arten hinzu. Sie nimmt starke Medikamente und braucht, weil sie ja auch immer für alle da war, die Unterstützung ihres Kindes (das bald vierzig wird).

Immer lag es an mir und liegt es auch teilweise heute noch, ob es den beiden gut geht oder nicht. Es geht ihnen nur gut, wenn alles nach ihrem Willen geschieht, ich keine Widerworte gebe und am besten jeden Tag mit ihnen telefoniere. Eigene Wünsche und Vorstellungen kommen gar nicht gut an. Sonst bekommt Mama hohen Blutdruck und kommt vor Angst um, und dann ist die Tochter dran Schuld.

Ich bin sehr ängstlich aufgewachsen, durfte fast nichts, damit mir ja nichts passiert. Im Nachhinein wundert es mich, dass ich nicht auch noch Angst um mich selbst hatte.

Es hat mich viel Mühe und Kraft gekostet, mich dahinzuentwickeln, wo ich heute stehe. Und ich muss immer noch an mir arbeiten. Beispiel: Ich möchte dieses Wochenende ein zweitägiges Seminar mitmachen und weiß nicht, ob und wie ich es ihr sagen soll. ›Ach, dafür hast du Geld, zu deiner Mutter kommst du nicht. Du bist so gemein und rücksichtslos.‹ So weit die Kurzversion, ich denke, ich könnte selbst ein Buch darüber schreiben.

Kinder depressiver Erwachsener haben es also schwer, selbstständig zu werden, erfahren nicht, was eine gesunde Selbstliebe ist, können sich nicht wehren oder abgrenzen. Sie lernen, dass es falsch und egoistisch ist, Eigenverantwortung zu übernehmen, und dass man, um dem großen Übel aus dem Weg zu gehen, am besten klein beigibt.«

»… Todesangst um den Elternteil, dazu kommen große Traurigkeit, absolute Hilflosigkeit, Ohnmacht, Einsamkeit, sich bloß nicht zumuten, unsichtbar sein, Rollentausch und Verantwortung für die Familie übernehmen, Energieverlust, weil man ALLES für den Elternteil gibt, sich nicht mehr fühlen, Starre … Ich schreibe das hier nicht als private Nachricht, denn ich denke, es tut den anderen gut zu sehen, dass sie mit diesen Themen nicht alleine dastanden, dastehen. Die Zeit ist vorbei, in der alles getan wird, um diesen Zustand zu schützen, den Mantel des Schweigens und des Geheimnisses weiterhin darüber auszubreiten. Es sollte kein Tabu mehr sein! Heilung kann nur entstehen, wenn man seine Verletzungen zu zeigen bereit ist.«

»Liebe Susanne, meine Mutter war depressiv … Am meisten belasteten mich Schuldgefühle … war ich nicht genug für sie da? Aber auch Hilflosigkeit, Wut und Trauer.«

»… Schuldgefühle, ich könnte ganze Abhandlungen darüber verfassen …«

»… Hilflosigkeit, immer alles richtig machen wollen und Verantwortung für den Elternteil übernehmen. Immer die

Frage: Was kann oder muss ich tun, damit es ihr gut geht, dass sie lacht und lebt und sich nicht im Bett verkriecht?«

So weit eure Texte ...

Was entsteht in einem Kind, wenn es auf diese Weise aufwächst? Es muss co-abhängig werden, da führt fast kein Weg daran vorbei. Es ist, als würdest du mit einem süchtigen Elternteil zusammenleben: mit jemandem, der dich nicht schützen kann, der dich zutiefst verunsichert und dich offen oder unterschwellig für seinen Zustand verantwortlich macht. Du musst ständige Schuldgefühle bekommen, es geht gar nicht anders. Wie kommst du überhaupt auf die Idee, du seiest für das Wohlergehen des anderen zuständig, für seine Krankheit verantwortlich?

Nun, du kommst nicht auf die Idee. Du hast als Kind keine andere Wahl, als alles zu tun, damit es dem dich versorgenden Erwachsenen gut geht und er deshalb überhaupt in der Lage ist, dich zu versorgen. Du kannst als Kind nicht anders, als dein Umfeld nahezu seismografisch zu erfassen und es energetisch so auszugleichen, dass du möglichst überleben kannst. Das macht jedes Kind. Je größer das Ungleichgewicht ist, je mehr das Kind also ausgleichen muss und je geringer seine natürliche Resilienz, seine emotionale Widerstandskraft, ist, desto größer ist die Gefahr, dass es emotionalen Schaden nimmt.

Ganz und gar ungesund wird die Situation natürlich dann, wenn der Erkrankte selbst oder diejenigen, die das Kind schützen müssten, dem Kind einreden, es sei tatsächlich schuld an dem Zustand des Kranken. Ein einigermaßen stabiles Kind könnte ein depressives Eltern- oder auch Geschwisterteil ganz gut verkraften, wenn es mit dem, was es fühlt, gehalten und gesehen würde, wenn es nicht funktionieren müsste und es seine Lebendigkeit ausleben dürfte, trotz des Depressiven in der Familie. Kinder beziehen alles, was geschieht, auf sich, sie können nicht anders. Das Gehirn kann noch nicht unterscheiden zwischen dem, was zu einem anderen gehört, und den eigenen Gefühlen. Wenn das Hirn heranreift, kann ein Kind zwar unterscheiden, welche Gefühle zu ihm gehören und welche nicht, aber es glaubt dennoch, dass alles, was geschieht, mit ihm zu tun habe, es der Auslöser sei. Kinder erleben sich in einer gewissen Phase (zwischen drei und sechs Jahren) als magisch, ihre bewussten, aber auch unbewussten Gedanken, Handlungen und Vorstellungen sind ihrer Ansicht nach Ursache für alles, was um sie herum geschieht. So glauben Kinder, sie seien schuld, wenn sich die Eltern zum Beispiel scheiden lassen. Sie können nicht anders, als das zu glauben. Ihr Gehirn hat keine andere Erklärung parat, weil der Hirnteil, der das Kind befähigen würde, sich bewusst zu distanzieren und die Dinge bewusst zu hinterfragen, noch nicht weit genug entwickelt ist. Kinder in diesem Alter wissen zwar, dass alles eine Ursache hat, wissen aber noch nicht, dass diese Ursache auch außerhalb ihrer selbst liegen kann.

Was hat das mit dem Inneren Kind zu tun? Nun, es gibt einen Anteil in dir, der noch immer genauso fühlt und wahrnimmt, der sich für alles verantwortlich fühlt, der glaubt, er sei an allem schuld. Es ist, als seiest du irgendwie in der magischen Phase hängen geblieben, wenn du das glaubst, und genauso ist es auch. (Etwas völlig anderes ist es, wenn wir uns als bewusste Schöpfer unserer eigenen Wirklichkeit kennenlernen, wenn wir also erkennen, dass wir tatsächlich für das, was in unserem Leben geschieht, auf höherer Eben verantwortlich sind. Doch wir können sehr genau und vor allem bewusst unterscheiden, welche Ebenen das sind. Das kann ein Kind nicht, es nimmt sich unbewusst als magisch wahr.)

Diese ungesunde, allumfassende und im Übrigen den anderen entmündigende Verantwortlichkeit nennt man Co-Abhängigkeit.

Ursprünglich wurde dieser Begriff für Angehörige von Alkoholikern geprägt, und er bedeutete »mitabhängig«. Es bedeutet, sich selbst zu verleugnen, die eigenen Wünsche und Bedürfnisse, die eigenen Lebensziele hintanzustellen, um für den Süchtigen da zu sein. In Bezug auf eine Depression bedeutet Co-Abhängigkeit: Du lügst, um die Depression des Angehörigen nach außen hin zu vertuschen. Als Co-Abhängiger stehst du voll und ganz im Dienst der Bedürfnisse des Kranken. Du bist es gewohnt, dich selbst über deine eigenen Bedürfnisse zu belügen und deine Sehnsüchte und Träume nach außen hin zu verleugnen. Dein für Außenstehende oft übermenschlich anmutendes Für-andere-Dasein ist für dich normal, du kennst es nicht anders. Wurdest du als Kind genötigt, für deine kranken Eltern zu sorgen, und für deren Zustand gar verantwortlich gemacht, dann erlebst du dich als übermächtig (du bist offenbar schuld an ihren Zustand) und ohnmächtig (du kannst ihn aber nicht ändern) zugleich.

Wie wird man überhaupt co-abhängig? Als kleines Kind führtest du eine Beziehung, der du auf Leben und Tod ausgeliefert warst: die Beziehung zu dem Menschen, der dich versorgt hat. Du warst vollkommen abhängig davon, dass dich ein Mensch in deiner Bedürftigkeit zumindest zeitweise erkannte und nährte. Du tatest als Kind unbewusst alles, was nötig war und irgendwie in deiner Macht stand, um diesen Menschen in die Pflicht zu nehmen, sich um dich zu kümmern. Selbstverständlich können das auch mehrere Menschen gewesen sein. Im besten Fall musstest du gar nichts tun, um versorgt zu werden, du warst einfach da, und das genügte. Du reiftest heran, und ab etwa zwei Jahren begannst du, eine Beziehung zu dir selbst aufzubauen. Du wolltest die Dinge selbst ausprobieren, du wolltest schauen, was du schon alles konntest, und brauchtest Hilfe nur bei den Angelegenheiten, die du nicht für dich allein regeln konntest. Du begannst, dich abzugrenzen, wolltest auch einmal etwas alleine machen, begannst, ein Ich-Bewusstsein auszubilden. Erlaubten dir deine Eltern, dich selbst auszuprobieren, so entstand eine gesunde Beziehung zu dir selbst. Die Abhängigkeit von anderen wurde geringer, und du begannst, dich auf dich selbst zu verlassen. Du machtest eine in emotionaler Hinsicht positive Erfahrung durch deine Abgrenzung und deine Selbstbestimmung, was dich in deinem selbstbestimmten Verhalten stärkte. Je leichter deine Eltern dich losließen, wenn du die Dinge selbst ausprobieren wolltest, dich aber trugen und unterstützten, wenn du bedürftig warst, desto natürlicher und freier erlebtest du die Anbindung an dich selbst und die gleichzeitige Loslösung von den Eltern.

Wirst du aber als Kind überfordert, musst du viel mehr Verantwortung tragen, als du kannst, musst du dich verleugnen, dich über Gebühr anstrengen, um versorgt und geliebt zu werden, bist du in Todesangst um die Eltern, dann bildest du eine sogenannte Scheinpersönlichkeit, ein Konstrukt, ein falsches Selbst, aus. Statt dich zu spüren, weißt du, was von dir erwartet wird, und bedienst es. Das musst du tun, denn du bist als Kind abhängig davon, dass du versorgst wirst, und weil das so ist, stellen immer diejenigen, die versorgen, die Bedingungen. Du musst sie erfüllen, da geht kein Weg daran vorbei. Es ist wie ein Gerüst, dieses falsche Selbst, das dich nach außen hin stabilisiert und das mit viel Kontrolle und Selbstverleugnung aufrechterhalten werden muss. Statt eine gesunde Beziehung mit dir selbst einzugehen, bleibst du abhängig von demjenigen, der dich versorgt. Warum? Weil du, aus welchen Gründen auch immer, nicht die Erlaubnis hast, eine gesunde Beziehung zu dir selbst herzustellen. Deine Selbstbestimmung bleibt dir verwehrt, weil du instrumentalisiert wirst. Du erlebst deine Selbstbestimmung in emotionaler Hinsicht als gefährlich, denn du gefährdest durch sie die Beziehung zum dich versorgenden Elternteil. Selbstbestimmung wird in der Amygdala deshalb mit Todesangst assoziiert, so absurd das auch klingen mag. Du lernst nicht, für dich selbst einzustehen und deine Versorgung Stück für Stück in deine eigenen Hände zu nehmen, du lernst aber sehr wohl, was du zu tun hast, damit dich ein anderer versorgt. Damit bleibst du emotional in der Abhängigkeit, sogar dann, wenn der andere diese Versorgung nicht leistet. Du erkennst nicht, dass du in Wahrheit nicht versorgt wirst, sondern ständig nur auf ein gedachtes Konto einzahlst, aber nie etwas abheben kannst, weil du als Kind keine Wahl hattest. Entweder deine Eltern versorgten dich, oder du starbst. Es gab sonst niemanden, und so hast du nie gelernt, dich abzuwenden und dir an anderer Stelle Hilfe zu suchen. Tatest du es dennoch, weil du natürlich auch sehr gesunde Anteile in dir hast, so wurdest du beschämt oder auf andere Art emotional erpresst. Wieder erlebtest du Selbstfürsorge in emotionaler Hinsicht als brandgefährlich.

Weil das so ist, hat dein Gehirn ein emotionales Warnsignal entwickelt, das immer dann ertönt, wenn du selbstbestimmt handeln willst – Schuldgefühle. Diese emotionale Verknüpfung zwischen Selbstbestimmung und Todesangst hindert dich daran, das für dich zu tun, was für dich stimmig ist. Co-Abhängigkeit bedeutet nun, dass du, selbst wenn du all das weißt, eine so starke Prägung in der Amygdala hast, dass du wider besseres Wissen nicht für dich einstehen kannst, auch wenn du genau weißt, dass der andere dir nichts tun kann und du dich sehr wohl selbst versorgen kannst. Die Verknüpfung auf emotionaler Ebene ist so stark, dass du wirklich glaubst, zu verhungern oder zu sterben, wenn du deinen eigenen Weg gingest. Du bist wider besseres Wissen handlungsunfähig.

In der Co-Abhängigkeit gibst du auch heute einfach noch ein bisschen mehr, irgendwann wird schon etwas zurückkommen. Dieses Gebrauchtwerden, dieses Für-den-anderen-Sorgen gibt dir die vermeintliche emotionale Sicherheit, die du brauchst – weil du die Beziehung zu dir selbst niemals hergestellt hast und nicht weißt, dass du dich in jeder Hinsicht hervorragend selbst versorgen könntest. Viele Co-

Abhängige erleben tatsächlich Todesangst, wenn sie sich abgrenzen, obwohl sie natürlich wissen, dass sie erwachsen sind und für sich selbst sorgen können. Aber sie fühlen es nicht, und damit ist es für die Amygdala nicht real. Egal, wie erfolgreich du bist, wie viel Geld du verdienst, diese emotionale Abhängigkeit bleibt bestehen, wenn du nie die Erlaubnis hattest, dich zu lösen, dich abzugrenzen und für dich selbst einzustehen. Die üblicherweise vorübergehende Phase, in der sich ein Kind auf Leben und Tod von anderen abhängig fühlt, wird zum Lebensthema. Du bleibst dabei nicht nur abhängig von den Eltern. Dein Inneres Kind erhofft sich von jedem Menschen, der eine Beziehung mit dir eingeht, Versorgung und emotionalen Halt. Dafür bist du bereit, auch gegen dein Wissen und sogar gegen dein Gefühl, alles zu tun, was nötig ist. Du lässt dich ausnutzen, beschämen, demütigen, du lügst und verschonst denjenigen, von dem du dir Heilung und Trost, Liebe und emotionale Versorgung erhoffst, vor dem, was du in Wahrheit fühlst und willst, wenn es ihm Unbehagen bereiten könnte. Das Ganze passiert natürlich unterbewusst, denn die Prägung ist in einem Alter entstanden, in dem du noch nicht bewusst denken und die Dinge hinterfragen konntest.

Deshalb hier eine einfache, aber sehr wirkungsvolle Frage. Nutze sie bitte. Erinnere dich: Deine Amygdala, das Gehirnzentrum, das entscheidet, ob du aus Angst handelst oder entspannt bleiben kannst, verknüpft Selbstbestimmung mit Todesangst. Und gleichgültig, wie sehr es ein anderer Teil deines Gehirns besser weiß, die Amygdala besteht darauf, wenn sie einem Trauma keine positive emotionale Erfahrung entgegensetzen kann.

Immer dann, wenn du dich in Schuldgefühle verstrickst, wenn du deinem Bauch, deiner inneren Stimme oder deinem Gefühl folgen willst, aber nicht kannst, weil dich Abhängigkeiten und Schuldgefühle lähmen, frage dich bitte ernsthaft: Sterbe ich daran, wenn ich tue, was ich für richtig halte, wenn ich also meinen gesunden inneren Impulsen folge? Sterbe ich an den Folgen? Nimm die Frage bitte ernst, für dein Inneres Kind ist sie das. Beantworte die Frage nach sorgfältigem Abwägen.

Stirbst du an den Folgen deiner Selbstbestimmung?

Wenn du diese Frage nach bewusster Überprüfung mit Nein beantworten kannst, dann sage dir bitte den Satz: »Ich sterbe nicht, wenn ich ...« Und dann sage, was du tun oder lassen willst. »Ich sterbe nicht, wenn ich meine Eltern heute nicht besuche, sondern mich um mich selbst kümmere.« »Ich sterbe nicht, wenn mein Partner wütend wird, weil ich zu diesem Kurs gehe.« Und auch das hier: »Ich sterbe nicht, wenn mein Vater ernst macht und sich umbringt, wenn ich ihn nicht besuche.« Denn das stimmt. Du kannst ihn dennoch besuchen, aus Liebe, aus Mitgefühl, aus Fürsorge, aber du stirbst nicht daran, wenn du es nicht tust. Du MUSST nicht, verstehst du den Unterschied?

Mitgefühl und Fürsorge sind völlig andere Beweggründe als Co-Abhängigkeit. In der Fürsorge und auch im Mitgefühl bleibst du frei, du spürst dich weiterhin selbst, kannst für den anderen und für dich gut sorgen.

In der Co-Abhängigkeit dagegen wirst du von Todesangst angetrieben.

Co-Abhängige nehmen sich selbst irgendwann fast nur noch über die Beziehung zu anderen wahr, seien diese gut oder schlecht, die Hauptsache ist, es findet überhaupt eine Art Beziehung statt.

Anne Wilson Schaef hat 1986 den Begriff der Co-Abhängigkeit geprägt, indem sie die übertriebene Rücksichtnahme und die Selbstaufgabe als eigenständige Krankheit, nicht als normale Reaktion auf Süchtige (oder in deinem Fall Depressive), erkannt und benannt hat. Denn die Bereitschaft, die eigene Wahrnehmung auszuschalten und das verdrehte Denken und Fühlen des anderen zu übernehmen und zu verstärken, zeigt durchaus, dass dir selbst etwas fehlt. Als Kind konntest du nicht anders, natürlich nicht, doch auch als Erwachsener zeigst du ja nach wie vor dieses dich selbst aufgebende Verhalten. Nach und nach wurde dieser Begriff immer weiter gefasst und wird in den heutigen Suchtgruppen eher mit dem Wort »Beziehungssucht« übersetzt. Robin Norwood nennt es »die Sucht, gebraucht zu werden«, und es ist tatsächlich eine Sucht, denn du kannst auch dann nicht aufhören, deine Unterstützung anzubieten oder einfordern zu lassen, wenn du erkennst, dass es dir schadet, dich förmlich krank macht. Viele stoffgebundene Süchte basieren auf einer Co-Abhängigkeit. Du versuchst, das Leid, das diese emotionale Krankheit verursacht, durch Essen, Alkohol oder Drogen jeder Art unter Kontrolle zu halten Du bist süchtig nach der Beziehung mit dem anderen und gibst deshalb die

Beziehung zu dir selbst auf oder stellst sie erst gar nicht her. Du setzt die Beziehung zum anderen an die Stelle, an der die Bindung an dich selbst verankert sein sollte.

Anstatt dich in dich selbst einzufühlen, deine eigenen Bedürfnisse wahrzunehmen und zu erfüllen, sorgst du für den anderen, wie du es als kleines Kind gelernt hast. Du kannst nicht anders. Die Angst vor dem Tod der Eltern und damit die Angst vor dem eigenen Tod hat das Innere Kind voll im Griff. Das Kind weiß, dass es stirbt, wenn es nicht versorgt wird, und so schwebt es ständig in Todesangst – um das kranke Elternteil, aber auch um sich selbst. Du hast niemals die Gelegenheit gehabt, in aller Ruhe und ungestört eine tragfähige Beziehung zu dir selbst herzustellen, eine Beziehung, die wie jede andere gesunde Beziehung auf Achtsamkeit, Vertrauen, Freundschaft und Liebe basiert.

Du tust alles, um andere glücklich zu machen oder zumindest ruhig zu halten, du verbiegst dich selbst bis zur Unkenntlichkeit dabei, dem anderen das zu geben, was ihm das Leben vermeintlich vorenthält. Du versuchst, die Bedürfnisse des anderen nach Sicherheit, Freiheit, Liebe und Geborgenheit, nach Verständnis und Abgrenzung zu erfüllen, und achtest nicht darauf, was du selbst eigentlich willst. Wahrscheinlich spürst du es nicht einmal. Natürlich willst du kein egoistisches Monster werden. Aber du willst auch nicht länger im Dienst der Depression eines anderen stehen.

Woran spürst du, dass du co-abhängig bist? CoDA (Co-Dependants Anonymus) Deutschland, die Selbsthilfegruppen, die mit dem Zwölf-Schritte-Programm arbeiten, sagen dazu Folgendes:

Symptome der Co-Abhängigkeit

Einige Beispiele für Eigenschaften und Einstellungen, die Co-Abhängigen vertraut sind:

- Ich habe Schwierigkeiten zu erkennen, was ich fühle.
- Ich halte mich für völlig selbstlos und dem Wohl anderer verpflichtet.
- Ich habe Schwierigkeiten, Anerkennung, Lob und Geschenke anzunehmen.
- Ich verleugne meine eigenen Werte, um nicht von anderen abgelehnt zu werden.
- Ich verbleibe zu lange in für mich schädlichen Beziehungen und Situationen.
- Ich bewerte Ansichten und Gefühle anderer höher als meine eigenen aus Angst vor Ablehnung und Abwertung.
- Ich muss »gebraucht« werden, um dadurch meine Lebensberechtigung zu erfahren.

Statt eine klare Bitte oder Anweisung zu erwarten und auch einzufordern, wenn jemand etwas von uns will, versuchen wir zu erspüren, was gebraucht wird. Damit übernehmen wir die Verantwortung für die Wünsche anderer und kommen gar nicht auf die Idee, zunächst zu überprüfen, ob wir ihnen überhaupt zur Verfügung stehen wollen, und wenn ja, auf welche Weise und wie lang.

Hier sind ein paar Symptome der Co-Abhängigkeit (aus dem CoDA-Programm, mit freundlicher Genehmigung):

- In der Co-Abhängigkeit hängen meine guten Gefühle davon ab, dass du mich magst.
- In der Genesung hängen meine guten Gefühle davon ab, dass ich mich mag.

- In der Co-Abhängigkeit hängen meine guten Gefühle von deiner Achtung meiner Person ab.
- In der Genesung hängen meine guten Gefühle von meiner Selbstachtung ab.

- In der Co-Abhängigkeit beeinflusst dein Kampf meine Ruhe und Gelassenheit.
- In der Genesung spielt dein Kampf für mich eine Rolle, weil ich mich um dich sorge, aber er kontrolliert nicht, wie ich über mich selbst empfinde.

- In der Co-Abhängigkeit wird meine Selbstachtung dadurch gestärkt, dass ich deine Probleme löse und deine Muster erkenne.
- In der Genesung kommt meine Selbstachtung daher, dass ich meine Probleme löse und manchmal meine Muster erkenne.

- In der Co-Abhängigkeit konzentriert sich meine Aufmerksamkeit darauf, dir zu gefallen.
- In der Genesung gefalle ich mir, selbst wenn ich dir nicht gefalle.

- In der Co-Abhängigkeit konzentriere ich mich darauf, dich zu schützen.

- In der Genesung schütze ich mich, selbst wenn ich dich dadurch manchmal ungeschützt lasse, ich weiß, dass du auf dich selbst aufpassen kannst.

- In der Co-Abhängigkeit verstecke ich meine Gefühle, indem ich dich manipuliere, etwas auf meine Weise zu tun.
- In der Genesung sage ich die Wahrheit über meine Gefühle, unabhängig von den Konsequenzen.

- In der Co-Abhängigkeit schiebe ich meine Hobbys und Interessen beiseite, deine Interessen stehen im Vordergrund.
- In der Genesung verfolge ich meine Hobbys und Interessen, selbst wenn das bedeutet, Zeit von dir getrennt zu verbringen.

Ich tue mir gut und gehe in die Sauna, allein.

- In der Co-Abhängigkeit schreibe ich dir deine Kleidung, dein Verhalten und deine Erscheinung vor, denn du bist eine Spiegelung meiner Person.
- In der Genesung lasse ich zu, dass du dich kleidest, erscheinst und verhältst, wie du es möchtest, unabhängig davon, wie ich mich dabei fühle.

- In der Co-Abhängigkeit weiß ich nicht, was ich will, ich frage dich und bin mir nur dessen bewusst, was du willst.
- In der Genesung kenne ich nicht nur meine Wünsche und Bedürfnisse, ich spreche sie aus und handle, um sie zu erfüllen.

Ich bin auf einem guten Weg.

- In der Co-Abhängigkeit sind die Träume, die ich von der Zukunft habe, untrennbar mit dir verbunden.
- In der Genesung gehören meine Träume mir, selbst wenn du darin nicht vorkommst.

Ein eigenes kleines Haus nur für mich.

- In der Co-Abhängigkeit bestimmt die Furcht vor deiner Wut, was ich sage und tue.
- In der Genesung habe ich keine Kontrolle über deine Wut, und sie hat keine Kontrolle über mich.

- In der Co-Abhängigkeit nutze ich das Geben, um mich in der Beziehung sicher zu fühlen.
- In der Genesung kann ich geben, wenn es mir Freude macht, ich kann es aber auch lassen, weil es nicht der Furcht oder der Sicherheit dient.

Nicht mein Projekt – nicht mein Problem

- In der Co-Abhängigkeit verringern sich meine sozialen Kontakte, sobald ich mich mit dir einlasse.
- In der Genesung hoffe ich, dass du meine Freunde magst. Wenn nicht, werde ich es verstehen und akzeptieren, mich aber weiterhin mit ihnen treffen.

Die Zeit brauche ich auch und nehme sie mir.

- In der Co-Abhängigkeit lege ich meine Werte beiseite, um mit dir zusammen zu sein.
- In der Genesung gehören meine Werte mir. Als Kern meines Seins sind sie unumstößlich.

- In der Co-Abhängigkeit schätze ich deine Meinung und deine Art, Dinge zu tun, höher ein als meine.

- In der Genesung schätze ich deine Art und dein Verhalten, aber nicht auf Kosten meiner.

- In der Co-Abhängigkeit steht die Qualität meines Lebens in untrennbarem Zusammenhang mit deiner Lebensqualität.
- In der Genesung gibt es klare Grenzen, die meine Lebensqualität von deiner unterscheiden und trennen.

- In der Co-Abhängigkeit sage ich alles frei heraus, suche Intimität gleich beim ersten Treffen, verliebe mich, ohne wirkliche Informationen darüber zu haben, wer du bist und was du beitragen kannst und willst.
- In der Genesung lasse ich mir Zeit, lasse Freundschaft entstehen, ich bin nicht von dir überwältigt und kann unangemessenes Verhalten erkennen und darauf reagieren.

- In der Co-Abhängigkeit übernehme ich automatisch die Verantwortung, wenn es sonst keiner tut, indem ich sage: »Einer muss es ja machen.« »Einer« bin immer ich.
- In der Genesung spüre ich, dass ich die Wahl habe, indem ich es an eine höhere Macht abgebe und darauf vertraue, dass für den anderen gesorgt ist, auch wenn es nicht durch mich geschieht.*

Woran also spürst du, dass du in co-abhängigen Strukturen gefangen bist?

---

* Auszug aus dem CoDA-Programm

- Du bist mit deiner Aufmerksamkeit bei den echten oder vermeintlichen Bedürfnissen der anderen, nicht bei dir.
- Deine eigenen Bedürfnisse nimmst du nur sehr verschwommen wahr, wenn du sie spürst, stellst du sie augenblicklich wieder infrage.
- Es gibt für dich keinen Unterschied zwischen angemessenen und nicht angemessenen Anforderungen und Wünschen an dich.
- Stellt der andere keine Anforderungen an dich, fühlst du dich unsicher und versuchst herauszufinden, was er von dir erwartet.
- Du hegst (unterdessen, weil du so überfordert bist,) unterschwelligen Groll gegen jeden, der, zumindest deiner Meinung nach, etwas von dir will.
- Und natürlich kannst du nicht Nein sagen! Tust du es dennoch, erklärst du stundenlang, warum du Nein sagen musst, und fühlst dich schuldig.
- Du rechtfertigst dich (immer wieder) vor anderen dafür, warum es in Ordnung ist, dass dich dein Partner, deine Freundin oder andere schlecht behandeln, nimmst sie in Schutz, obwohl es nicht angemessen ist. Deine Zuhörer reagieren irritiert, unwillig oder verwundert, spüren, dass etwas nicht stimmt, aber du bist nicht bereit, ihren Standpunkt anzuhören und darüber nachdenken.

Warum ist die Co-Abhängigkeit eine Sucht? Weil du gefangen und unfrei bist, egal, was um dich herum passiert. Egal, ob jemand tatsächlich Ansprüche an dich stellt oder nicht, du hängst in deiner eigenen Denkschleife. Die Symptome dieser Schleife sind Schuldgefühle, innerer Druck, Unsicherheit, körperliche, zumindest massive emotionale Anspannung und der bewusste oder unterschwellige Wunsch, über dein Leben endlich selbst bestimmen zu können, denn du lässt dir die Freiheit deiner Entscheidungen immer wieder aus der Hand nehmen. Süchtig bist du in einem Zustand, den du beim besten Willen nicht ändern kannst, obwohl du darunter leidest – und den du immer wieder herstellst. Du reagierst immer wieder auf die gleiche Weise, obwohl du es nicht willst. Es ist, als sei dein freier Wille gelähmt und ausgeschaltet, wenn das Suchtmuster angeregt wird.

Es ist, als hättest du ein inneres Bedürfnis danach, deine Selbstbestimmung aus der Hand zu geben und dich kontrollieren zu lassen, wenn du co-abhängig bist, so sehr du es auch hasst und so wütend es dich auch macht.

Bist du co-abhängig, dann ist aus der Not in deiner Kindheit ein Verhaltensmuster geworden: Du nimmst dich am besten oder überhaupt nur dann wahr, wenn du in Sorge um jemanden bist. Du hast eine sich widersprechende Botschaft bekommen, hast einen unlösbaren inneren Konflikt:

Du bist verantwortlich dafür, dass deine Mutter/dein Vater am Leben bleibt und dass sie/er sich gut fühlt. Du bist schuld, wenn es ihr/ihm nicht gut geht. Doch egal, was du tust, du findest den Schlüssel zu ihrem/seinem Glück nicht, obwohl du ihn haben müsstest – denn wenn du verantwortlich für das Wohlergehen oder gar das Leben des Kranken bist, müsstest du ja auch irgendwo die Lösung finden können! Wenn du nur brav genug bist, wenn du nur …

Kinder entwickeln sehr merkwürdige Zwänge auf der Suche nach dem Schlüssel zur Genesung. Da du als Kind einer Botschaft glauben musst, denn du bist nicht in der Lage, all diese Anforderungen an dich als Ausdruck der Krankheit zu erkennen (und hattest sicher niemanden, der dich schützte), glaubst du zutiefst, dass du verantwortlich bist. Gleichzeitig erkennst du deine Hilflosigkeit, erlebst dich als vollkommen machtlos. Du bist aber gleichzeitig verantwortlich. Das ist ein unlösbarer Konflikt. Du hast einfach überhaupt keine Chance, es richtig zu machen. Diesen Konflikt wird dein Inneres Kind sein Leben lang zu lösen versuchen, wenn du dich nicht vom Konflikt selbst trennst.

Verstehst du? Du kannst, das weißt du als Erwachsener, nur für etwas die Verantwortung tragen, was du auch ändern kannst. Verantwortung zu tragen, ohne die Macht zu haben, die Dinge auch zu ändern, ergibt keinen Sinn und muss scheitern.

Du trägst aber dennoch die Verantwortung für das Wohlergehen des Kranken, sie wurde dir auf deine kleinen Schultern geladen. Doch du hast nicht die Macht, den Kranken zu heilen oder zumindest am Leben zu halten, du hast sie einfach nicht. Du hast also einen zentralen Konflikt, an dem du scheitern musst. Gestehe dir das ein. Du kannst diesen Konflikt nicht lösen, er ist unlösbar.

In der Co-Abhängigkeit spürst du deine eigene Verlorenheit nicht, weil du dich stattdessen mit komplizierten Beziehungen beschäftigst. Du wirst, kümmerst du dich dann doch einmal um dich, an eine uralte Wunde erinnert, die endlich geheilt werden will, aber statt sie zu heilen und dich ihr zu widmen, reißt du dir immer wieder neu das Herz auf. Gerade so, als spürtest du dich selbst über den Schmerz, über das Verlassenwerden, darüber, eben nicht geliebt zu werden und das zu bekommen, was du brauchst. Du nimmst dich selbst über den Mangel und die Todesangst wahr, weil sie dir so vertraut sind. Der Schmerz des Verlassenwerdens ist dein Zeichen, überhaupt am Leben zu sein.

Und nun geschieht etwas, was deinen zentralen Konflikt endgültig für dich selbst nicht zu erkennen macht: Du bekommst, wenn du dich doch einmal um dich selbst kümmerst, Schuldgefühle. Warum? Sind sie ein Ausdruck von Verantwortungsbewusstsein? Nein. Schuldgefühle sind der Suchtdruck der Co-Abhängigkeit.

Deine Co-Abhängigkeit dient, auch wenn das merkwürdig klingt, letztlich der Schmerzvermeidung. Du versuchst alles, um deinen zentralen Konflikt zu lösen, alles, damit du die innere Zerrissenheit, dein Scheitern und die damit verbundene Todesangst des Inneren Kindes nicht fühlen musst. Warum? Weil es sehr viel Energie kostet, all das zu fühlen, Energie, die du als Kind nicht hattest. Es braucht ein immenses Bewusstsein und sehr viel innere Kraft, um all das in dir neu zu sortieren, und die hattest du als Kind einfach noch nicht. Es gab für dein Gehirn keine andere Möglichkeit, als den Schmerz und auch die unbändige Wut zu verdrängen, wenn niemand da war, der dich hielt.

Schmerzvermeidung also. Wenn du nun daherkommst und dir selbst jenes Verhalten versagst, das der Schmerzvermeidung dient, was passiert dann? Dein Gehirn schlägt Alarm! Es weiß nicht, dass du jetzt andere Möglichkeiten finden willst, mit dem Schmerz umzugehen, woher auch? Es will dich schützen und sorgt mit den Schuldgefühlen dafür, dass du dich wieder kümmerst, wieder in das altbekannte Muster zurückkehrst. Warum? Damit der Status quo, die Komfortzone, aufrechterhalten bleibt. Dein Gehirn sorgt dafür, dass du mit möglichst wenig Energieaufwand überleben kannst, das ist seine wichtigste Aufgabe. Also hält es dich im bekannten Zustand, der zwar Kraft kostet, aber immer noch weniger Kraft, als du bräuchtest, würdest du den Schmerz fühlen.

Du brauchst keinen depressiven Vater, keine süchtige Mutter, um co-abhängig zu werden. Du kommst fast nicht drum herum, über Gebühr für andere zu sorgen, wenn niemand für dich da ist, aus welchen Gründen auch immer. Und so wirst du immer, wenn du einen Depressiven in deiner Familie hast, auf dein Inneres Kind zurückgeworfen.

Hast du einen depressiven Bruder, eine depressive Schwester, dann machst du diese Erfahrung: Alles dreht sich um das Geschwisterchen, von dir wird erwartet, vernünftig zu sein, denn du bist ja gesund. Du versuchst, es den Eltern recht zu machen, oder du wirst aufsässig. In jedem Fall entwickelst du dich nicht auf deine natürliche Weise. Es bildet sich ein sogenanntes falsches Selbst, ein Konstrukt.

Was tun? Angesichts dieser unendlichen Last, dieses Schmerzes, dieser Wut und der unermesslichen Hilflosigkeit ist es fast ein Wunder, dass du es überhaupt bis hierhin geschafft hast.

Aber auch wenn die Depression erst in dein Erwachsenenleben Einzug hielt, so ist es dein Inneres Kind, welches am meisten darunter leidet.

Deshalb hier die erste Übung für dein Inneres Kind.

Übung: Trenne dich vom zentralen Konflikt

Mache es dir bitte ganz bequem, schließe deine Augen. Es gibt nichts mehr für dich zu tun, du brauchst niemandem zu gefallen, alles an dir darf einfach so sein, wie es ist. Dein Atem darf kommen und gehen, wir es ihm gefällt, und du kannst dich für einen Moment so sehr entspannen, wie dir das überhaupt nur möglich ist. Vor deinem inneren Auge entsteht eine Lichtsäule, ein stabiler Lichtstrom, in den du dich hineinstellen kannst. Und das tust du nun. Du machst einen Schritt und stellst dich mitten hinein in diese Lichtsäule. Das Licht beginnt, dich zu durchströmen und alles zu lösen, was nicht mehr zu dir gehört, nicht mehr zu dir passt oder einfach nicht mehr stimmig ist. Die Energien, die jetzt gehen wollen, steigen wie Rauch nach oben und lösen sich auf oder fließen in die Erde ab, je nachdem, wohin sie gehören.
Die Lichtsäule öffnet sich und wird zu einem Lichttor, das du mühelos durchschreitest.
Du befindest dich nun in einer Landschaft, die du kennst oder die dir ganz neu ist – die schönste Landschaft, die du dir im Moment nur erträumen kannst. Du gehst spazieren, ruhst dich aus. Sage dir bitte ganz ausdrücklich und bewusst, dass du im Moment so sicher

bist, wie du überhaupt nur sein kannst. Stelle dir vor, dass hinter deiner Stirn ein Licht aufblinkt. In einiger Entfernung nun siehst du ein Kind. Das Innere Kind kann sich in vielen Formen zeigen, je nachdem, welche Energie es gerade hat. Du gehst auf das Kind zu und erkennst auf einmal, dass es irgendwie unförmig aussieht. Es trägt schwer an etwas.
Gehe bitte zu dem Kind hin, knie oder setze dich vor das Kind, halte deine Hände auf, und sage ihm: »Gib mir bitte alles, was du für die Eltern, für die Familie und für die Ahnen trägst. Gib mir die Depression, die Schuld und die Verletzungen. Das ist zu schwer für dich. Ich werde es in gute Hände weitergeben, in die Hände der Schutzengel, die dafür zuständig sind.«
Aus dem Kind fließt nun all die Schwere heraus, all das, woran es so schwer trägt. Du nimmst es wie einen Energieball zwischen deine Hände, egal, was und wie schwer es ist. Wir geben es gleich weiter, keine Sorge. Doch es muss durch deine Hände, durch die Hände des Erwachsenen, damit das Kind wirklich loslassen kann und dir zu vertrauen lernt. Immer schwerer wird der Energieball, und du bist sehr erstaunt und vielleicht auch voller Hochachtung, was das Kind alles getragen hat. Wenn man das bedenkt, erkennst du, hast du dein Leben gut gemeistert.
Irgendwann hat das Kind all die Lasten losgelassen und dir übergeben. Nun rufe bitte die zuständigen Schutzengel oder gleich das Schicksal, das für diese Lasten verantwortlich ist. Du darfst dir diese Kräfte ruhig wie Gestalten oder Wesenheiten vorstellen. Gib nun diesen schweren Energieball an die Schutzengel oder das Schicksal selbst weiter, und spüre die Erleichterung.

Schaue bitte noch einmal auf das Kind, und erkenne, ob es mit dunklen Schnüren an der Mutter, dem Vater oder anderen Familienmitgliedern festhängt. Wenn ja, dann nimm diese dunklen Schnüre in die eine Hand, und bitte darum, dass dir Erzengel Michael oder eine andere Kraft, der du vertraust, ein Schwert in die andere Hand gibt. Du kannst auch ein Krafttier rufen, das die Schnüre durchtrennen kann. Greife also die dunklen Schnüre, und trenne sie jetzt – JETZT – mit einem Hieb durch. Die lichtvollen, liebevollen, nährenden Verbindungen bekommen dadurch viel mehr Raum und können wachsen.

Nun sieh bitte die Schnur, die dich mit dem zentralen Konflikt verbindet, mit der unlösbaren Aufgabe, den Kranken zu retten. Tue hier das Gleiche: Trenne diese Schnur ein für alle Mal durch. Es kann sein, dass du das ein paar Mal machen musst, tue es so oft, wie es nötig ist.

Nun nimm das Kind in den Arm. Sage ihm: »Bei mir bist du sicher. Ich sehe dich, ich höre dich, und ich nehme dich wahr.« Sage ihm vor allem: »Du kannst nichts dafür.« Sage ihm diesen Satz so lange, bis es ihn glaubt.

Stelle dir nun bitte vor, dass es einen sicheren Raum in deinem Herzen gibt, einen fried- und lichtvollen Zaubergarten, in dem das Kind sicher und geschützt spielen darf. Es darf wild sein und toben, aber es darf genauso sanft sein und zart. Engel übernehmen die Fürsorge für das Innere Kind, solange es im Zaubergarten ist, damit du die Hände frei hast und außen als Erwachsener agieren kannst. Bringe das Innere Kind an diesen Ort, oder bleibe jetzt bei ihm. Komme dann mit deiner Aufmerksamkeit wieder zurück in den Raum, in dem du dich befindest.

Kinder brauchen vor allem eines: Sicherheit. Die Sicherheit, versorgt zu sein, gehört zu werden, sein zu dürfen, wie sie sind, es warm, sauber und trocken zu haben. Sie brauchen die Sicherheit zu wissen, dass ihnen geglaubt wird und dass ihre Umgebung ihnen gegenüber wohlgesonnen ist. Bekommen Kinder diese Sicherheit nicht, so sorgen sie selbst für ihre Sicherheit, soweit das in ihrer Macht steht. Wie tun Kinder das? Sie verhalten sich so, dass sie größtmögliche Sicherheit erlangen. Sei es, dass sie sich völlig in sich zurückziehen, verstummen, krank werden oder ständig versuchen, ihre Umgebung aufzuheitern. Was immer nötig ist, damit sich Kinder in Sicherheit fühlen, tun sie unbewusst, und zwar auf jeder Ebene. Du bist jetzt aber erwachsen. Deshalb hast du die Chance, das, was du als Kind erlernt hast, die Art also, wie du für deine Sicherheit sorgst, zu überdenken und neue Entscheidungen zu treffen. Denn weil du jetzt erwachsen bist, kannst du selbst für deine Sicherheit sorgen und brauchst die alten Verhaltensmuster und Vermeidungsstrategien nicht mehr anzuwenden, ohne sie zu hinterfragen.

Wenn du einen depressiven Angehörigen hast, egal, wie alt derjenige ist und wie alt du selbst bist oder warst, so gibt es immer eine Schar sehr bedürftiger Innerer Kinder – deine und seine. Weil der Kranke sich nicht um sein Inneres Kind kümmern kann, sucht es sich einen anderen »Wirt«: dich. Warum dich? Weil du unbeabsichtigt oder sogar ausdrücklich zur Verfügung stehst.

(Bist du Mutter oder Vater eines depressiven Kindes, dann gilt die nachfolgende innere Reise nicht für dich, du bekommst später eine andere.)

Übung: Das Innere Kind eines anderen in gute Hände geben

Erlaube dir, deine Augen zu schließen. Es gibt nichts mehr für dich zu tun, du brauchst niemandem zu gefallen. Du brauchst für niemanden zu sorgen und es niemandem recht zu machen, du darfst diese Zeit ganz und gar für dich und dein Wohlbefinden nutzen.
Entspanne dich so gut, wie es dir gerade möglich ist.
Vor deinem inneren Auge entsteht jetzt eine Situation aus deinem Erwachsenenleben, in der du dich sehr für den depressiven Angehörigen verantwortlich gefühlt hast oder die Lasten anderer Familienmitglieder tragen musstest, damit sie sich um den Kranken kümmern konnten. Schaue genau hin. Wo bist du? Wie alt bist du, und was genau passiert?
Nimm nun bitte wahr, ob sich ein Inneres Kind, das nicht zu dir gehört, an dich klammert oder von dir versorgt werden will. Wenn du nicht weißt, ob das Innere Kind, das du wahrnimmst, dein eigenes ist, dann frage es einfach, ob es dein eigenes Inneres Kind ist. Überprüfe vor allem, ob sich das Innere Kind des Kranken an dich klammert.
Schaue dir dieses nicht zu dir gehörende Innere Kind nun an, und sage ihm: »Ich bin nicht deine Mutter (dein Vater). Ich habe nicht das, was du brauchst, ich sehe aber deinen Schmerz. Du hast mein volles Mitgefühl.«
Rufe dann die Schutzengel, geistigen Führer und Lehrer, Mutter Erde und die Krafttiere dieses Inneren Kindes. Es kann sehr hilf-

reich sein, auch die Seelen der Mutter und des Vaters deines Angehörigen zu rufen und sie zu bitten, sich um ihr Kind zu kümmern. Wenn du gern mit Erzengeln arbeitest, dann rufe diese oder stelle dir einfach ein Licht in einer für das Innere Kind gerade passenden Farbe vor.

Du kannst nicht wissen, welche Farbe das ist, erlaube, dass genau die Farbe erscheint, die dieses Innere Kind jetzt braucht. Rufe also die Kräfte, die für dieses Innere Kind zuständig sind, und bitte sie, sich des Inneren Kindes anzunehmen. Du kannst dich nicht um das Innere Kind eines anderen Menschen kümmern, weil du nicht das hast, was es braucht. Du kannst aber jederzeit die Kräfte rufen, die für den Schutz dieses Inneren Kindes zuständig sind.

Es kann sein, dass du viele Innere Kinder hütest, die nicht zu dir gehören, verfahre mit allen bitte auf die eben beschriebene Weise. Manchmal wehren sich die Inneren Kinder und bestehen darauf, von dir genährt zu werden, doch das darfst du nicht erlauben, denn du hast nicht das, was sie brauchen. »Ich sehe deinen Schmerz, und du hast mein volles Mitgefühl« ist oft die Botschaft, die das Innere Kind braucht, damit es gehen kann. Will es nicht gehen, dann rufe ausdrücklich seine Krafttiere und Schutzengel, und bitte sie, es mit sich zu nehmen. Sei bereit, es wirklich loszulassen, sogar dann, wenn du selbst abhängig davon bist, von diesem Kind gebraucht zu werden. Du gibst es in die Hände von Kräften, die besser für dieses Innere Kind sorgen können, als du es je könntest.

Wenn du alle Inneren Kinder versorgt hast, dann komme bitte in den Raum zurück, in dem du dich befindest. Wiederhole diese innere Reise bitte so oft wie nötig, denn deine Bereitschaft, dich für andere aufzuopfern, zieht bedürftige Innere Kinder geradezu an. Und so kann es immer wieder geschehen, dass du für andere sorgst. Das macht nichts. Rufe einfach gleich die Kräfte, die für die verlorenen Inneren Kinder anderer zuständig sind, und bitte sie um Hilfe.

Ich mache in den Sitzungen gute Erfahrungen damit, auch die (eventuell bereits verstorbenen) Eltern des Depressiven zu rufen und sie zu bitten, seinem Inneren Kind das zu geben, was es braucht, ihm beizustehen.

Möglicherweise wollen bestimmte Anteile, Aspekte des Inneren Kindes deines Angehörigen gar nicht mehr auf der Erde sein, sie dürfen nach Hause gehen, natürlich dürfen sie das. Die Schutzengel des Inneren Kindes wissen das und nehmen es mit nach Hause, was immer das für dich bedeutet. Es ist völlig egal, ob du an diese Dinge und Welten glaubst oder nicht. Kinder glauben daran, dass es Schutzengel gibt, und deshalb funktioniert das innere Bild.

Ich möchte dich nicht nötigen, etwas für deinen Angehörigen zu tun, das tust du ja sowieso schon dauernd. Ich möchte dir mit dieser inneren Reise Werkzeuge geben, mit denen du die Inneren Kinder, die du kräftezehrend hütest, obwohl sie nicht zu dir gehören, in gute Hände geben kannst. Denn was geschieht sonst?

Natürlich hütest du sie weiter, auch gegen deinen Willen, du willst sie ja nicht im Stich lassen. Es ist zu einfach, zu sagen »Das ist nicht deine Aufgabe«, denn ganz stimmt das nicht. Wenn wir Not sehen, haben wir etwas damit zu tun. Wir müssen aber nicht gleich die gesamte Verantwortung übernehmen.

Ich erkläre das immer so: Stelle dir vor, du siehst in einem Kaufhaus ein Kind in Not, es weiß nicht, wohin, sucht seine Eltern.

Was tust du? Natürlich gehst du zu dem Kind. Natürlich beruhigst du es. Natürlich bittest du einen Angestellten des Kaufhauses, seine Eltern auszurufen, und übergibst das Kind entweder in die Obhut des Angestellten oder wartest selbst, bis die Eltern da sind. Aber du nimmst es nicht mit nach Hause, du adoptierst es nicht, und du glaubst auch nicht, dass du von nun an für das Kind verantwortlich bist. Du siehst seine Not, du rufst nach Hilfe und wartest, bis diese kommt. Dann lässt du es wieder los. Kommt keine andere Hilfe, dann rufst du die Polizei. Du nimmst es aber nicht mit nach Hause, außer in einer ganz außergewöhnlichen Notsituation.

Was aber ist mit deinem eigenen Inneren Kind? Dein Inneres Kind braucht zwei Kräfte: einen inneren sicheren Ort und Verbündete. Deshalb hier die innere Reise, die ich immer anbiete, wenn es um die Heilung des Inneren Kindes geht.

Du kannst sie gar nicht oft genug üben und durchführen, damit du dein Inneres Kind immer dann an den sicheren Ort bringen kannst, wenn du Verantwortung zu tragen hast oder dich in emotional aufreibende Situationen begeben musst.

Übung: Der Zaubergarten des Inneren Kindes

Mache es dir ganz bequem ... entspanne dich, atme ruhig und langsam ...

Vor deinem inneren Auge entsteht eine wunderschöne Landschaft, eine Landschaft, die deiner Seele entspricht. Vielleicht kennst du sie schon, vielleicht entsteht sie genau jetzt vor deinem inneren Auge. Schaue dich in aller Ruhe um, entspanne dich, gehe spazieren ... Es gibt einen kleinen Weg, einen Pfad, und du gehst ihn gemächlich und friedlich entlang. Du nimmst die Landschaft mit all deinen Sinnen wahr, entspannst dich, lässt dich verzaubern. Nimm dir Zeit, anzukommen und die Landschaft zu erforschen. Sie ist beinahe magisch, und du fühlst dich augenblicklich wohl und entspannt.

Irgendwann kommst du zu einer Lichtung, hier ist es ganz still, und du spürst, etwas ganz Besonderes erwartet dich ... Achtsam näherst du dich der Lichtung.
Auf einmal entdeckst du ein kleines Kind, ein Mädchen oder einen Jungen. (Wundere dich nicht, als Frau kannst du durchaus auch ein männliches Inneres Kind haben oder umgekehrt.) Vielleicht kennst du das Kind schon, vielleicht nicht. Achte besonders darauf, ob es dich kennt und ob es auf dich zukommt. Dieses Kind ist vielleicht sehr verletzt, vielleicht spielt es auch friedlich mit den Tieren auf dieser Wiese oder im Wald, wo es sich befindet. Schaue es dir in Ruhe an, und gehe bitte mit ihm um, wie du mit einem Kind umgehen würdest, das du sehr liebst und beschützen willst. Frage das Kind, was es braucht, wenn es mit dir spricht, wenn nicht, dann setze dich einfach in seine Nähe, und gib ihm Zeit, dich kennenzulernen.

Es wird Zeit, die Verantwortung für dieses Innere Kind zu übernehmen, und du spürst, wie sich der erwachsene Teil in dir innerlich aufrichtet und stärker wird. Du spürst die Mutter, den Vater in dir.
Nun erlaube, dass vor deinem inneren Auge eine Situation entsteht, in der du es als Kind sehr schwer hattest, vielleicht einsam warst, hin- und hergerissen, in der du beschämt oder gar geschlagen wurdest. Erlaube dem Kind, dir eine Situation zu zeigen, in der es einen Verbündeten, einen Retter gebraucht hätte.
Du findest dich nun also in einer Situation wieder, in der du sehr verletzt wurdest.
Wie alt bist du, wo bist du, was geschieht? Wie geht es dir, wo spürst du die Verletzung, die Enttäuschung, die Angst, die Scham oder auch die innere Zerrissenheit? Fühle, was du fühlst. Schaue dir die Situation an, nimm die Gefühle des Kindes wahr – und dann betritt als Erwachsener die Szene, stelle dich vor das Kind, nimm es in den Arm, tröste es, und greife ein, hole das Kind aus der Gefahrenzone, und behüte und beschütze es. Du bist zweimal da, einmal als bedürftiges Kind und einmal als der Erwachsene, der du jetzt bist. Denn du bist nun erwachsen, du kannst das für dein Inneres Kind tun, was deine Eltern oder wer auch immer nicht tun konnten. Du bist nun die Mutter, der Vater, die Vertrauensperson deines Inneren Kindes.
Wer auch immer dein Inneres Kind beschämt oder verletzt, sage ihm, dass du von nun an die Verantwortung für das Kind trägst und dass du nie wieder erlauben wirst, dass es verletzt wird.
Vielleicht gibt es mehrere Situationen, die du dir anschauen möchtest, einige Szenen, in denen dein Inneres Kind Hilfe braucht. Nimm es aus der Gefahrenzone heraus, sage ihm, dass seine Gefühle richtig sind, dass es lieben darf, wen es will, dass es schön ist, dass es so lebendig sein darf, wie es das möchte, und dass du

nun für das Kind sorgst – oder was immer das Kind braucht. Deine innere Mutter, dein innerer Vater weiß es. Der wichtigste Satz für dein Inneres Kind könnte sein: »Ich glaube dir, und du kannst nichts dafür.«
Nimm es in die Arme, wenn du möchtest und wenn es das zulässt. Und dann sage ihm, dass du einen wunderbaren Ort kennst, einen Zaubergarten, in dem seine tiefsten und geheimsten Wünsche und Sehnsüchte erfüllt werden, in dem es behütet und geschützt, nie wieder allein, nie wieder einsam ist. An diesem Ort wird es nie wieder verletzt werden, es darf sich endlich entspannen und bekommt das, was es braucht. Sage ihm, dass du gekommen bist, um es endlich nach Hause zu bringen.
Du beginnst, den wunderschönen Weg weiterzugehen, und dein Inneres Kind begleitet dich. Vielleicht trägst du es, vielleicht nimmt es deine Hand, vielleicht aber springt es auch vergnügt vor dir her. Die Natur wird immer geheimnisvoller, magischer, immer schöner. Erlaube, dass auch andere Innere Kinder, die alle zu dir gehören, mitkommen. Du hast sehr viele verschiedene Innere Kinder. Es kann sein, dass du dich ein wenig wie der Rattenfänger von Hameln fühlst. Auch der innere Teenager möchte vielleicht mitkommen.
Du fühlst dich wie in einem besonders geheimen Teil deiner inneren Landschaft. Auf einmal kommst du an ein Tor. Ein Wächter steht davor, er ist groß und machtvoll.
»Was ist deine Absicht«?, fragt er dich mit ernster Stimme, und du antwortest: »Ich bringe meine Inneren Kinder nach Hause.«
Augenblicklich öffnet sich das Tor, und du betrittst den Zaubergarten der Inneren Kinder, den schönsten Garten, den du dir überhaupt nur vorstellen kannst. Es ist ein Ort der Liebe, der Freiheit, der Geborgenheit und der Klarheit. Die Inneren Kinder hüpfen begeistert hinter dir her, vielleicht sind sie auch bereits voraus-

gerannt. Der Zaubergarten ist wunderschön, hier findest du alles, was das Herz deiner Inneren Kinder begehrt. Die Hüterin oder der Hüter dieses Gartens, ein großer, sehr heller Engel, tritt auf dich zu. Er begrüßt dich und die Kinder sehr liebevoll und fragt sie nach ihren geheimsten Wünschen. Du brauchst sie nicht zu kennen, es genügt, wenn deine Inneren Kinder wissen, was sie brauchen. Manchmal ist es sogar besser, wenn du diese Wünsche nicht kennst, damit du sie nicht bewertest und abtust. Nur weil du als Kind nicht bekommen hast, was du brauchst, heißt das noch lange nicht, dass deine Wünsche nicht dennoch vollkommen angemessen waren und sind.

Nun entstehen vor deinem inneren Augen Szenen, in denen deine Inneren Kinder genau das bekommen, was sie brauchen. Der innigste, dringendste, geheimste Wunsch jedes Inneren Kindes wird erfüllt, auf die Weise, die jetzt genau richtig ist. Es kann sein, dass ein Inneres Kind auf einem Einhorn reitet oder mit Engeln fliegt. Vielleicht ist der innigste Wunsch eines anderen, Zeit mit liebevollen Eltern zu verbringen, dann sind sie auf einmal da und geben ihm das, was es braucht. Vielleicht braucht eines Schutz, eines Spielgefährten, eines eine Bühne, auf der es sich ganz frei und ungehindert zeigen und ausdrücken kann, das nächste vielleicht ein Tier, das es begleitet. Vielleicht will ein Inneres Kind mit den Engeln zurück in das Engelreich fliegen und dort bleiben. Dann bitte es, von dort oben aus gute Kraft in dein Herz zu senden. Vertraue bitte dem Prozess, du bist hier sicher und geschützt.

Was auch immer deine Inneren Kinder brauchen, damit ihre und damit deine geheimsten und dringendsten Sehnsüchte gestillt werden, hier und jetzt bekommen sie ihre Wünsche erfüllt. Sei bitte ganz offen für die Art und Weise, wie sie sich erfüllen, hier kann wahrhaftig alles geschehen, egal, wie unsinnig es dir auch

vorkommen mag. Für die Inneren Kinder ist es genau richtig, und du wirst gleich spüren, wie etwas in dir zur Ruhe kommt. Sieh deine Kinder, wie sie erfüllt und glücklich sind, wie sie endlich das bekommen, was sie brauchen, und wisse, dass deine Wünsche in diesem inneren Zaubergarten immer erfüllt werden. Hier können deine Inneren Kinder heilen, hier können sie sich erholen, hier ist der Ort, an dem sie ganz werden dürfen und ihre Liebe, Zauberkraft und Freude entfalten können.
Dieser Ort befindet sich mitten in deinem Herzen, und von hier aus können die Inneren Kind nun ihre Liebe und Glückseligkeit in dein Leben hineinstrahlen lassen.

Bringe bitte dein Inneres Kind in diesen Zaubergarten, wann immer du mit dem Erkrankten Kontakt oder überhaupt Verantwortung zu tragen hast. Denn sonst übernimmt dein Inneres Kind Verantwortung, die es nicht tragen kann. Es kann nicht anders, denn das ist es, was es zur Gewährleistung seiner eigenen Sicherheit immer tun musste. Du hast die Wahl: Entweder wirkt in dir ein unbewusst ungehütetes und deshalb schnell überfordertes oder ein bewusst gehütetes und beruhigtes Inneres Kind. Natürlich besteht das Innere Kind aus vielen Aspekten, und es kann sehr wohl sein, dass du Anteile in dir bereits sehr bewusst hütest, andere dagegen nicht einmal spürst. Dennoch wirken sie. Deshalb ist es so wichtig, eine bewusste, mitfühlende Beziehung zu deinem Inneren Kind aufzubauen. Dann kommen auch die sehr verletzten und beschämten Anteile nach und nach aus ihrem Versteck und zeigen sich dir. Du übst damit, deine Selbstbestimmung und Selbstverantwortung aufrechtzuerhalten, egal, was im Außen gerade geschieht. Je besser du das kannst, je stabiler du innerlich bist und deine gefühlte innere Wahrheit spürst und auch nach außen hin vertreten kannst, desto bereitwilliger zeigen sich dir auch jene Anteile, die sehr beschämt und verletzt worden sind. Sie wirken sowieso, das ist wichtig zu wissen: unerkannt und ungehütet in Form von Schmerzvermeidung und Abwehrhaltung oder Co-Abhängigkeit, gehütet als bewusste Achtsamkeit und bewusst herbeigeführten Selbstschutz. Sich bewusst selbst zu schützen ist etwas völlig anderes, als bestimmten Situationen unbewusst, also aus der Vermeidungshaltung heraus, aus dem Weg zu gehen. Je besser du dein Inneres Kind schützen kannst, umso freier wirst du im Umgang auch mit für dich schwierigen Situationen. Du kannst entscheiden, wofür du Verantwortung tragen willst und wofür nicht: im Gegensatz zu deinem Inneren Kind, das sich jede Verantwortung, die kein anderer übernimmt, auflädt.

Gerade während ich dieses Buch schreibe, erlebe ich in vielen Einzelsitzungen und Seminaren die unermessliche Not des Inneren Kindes, aber auch des inneren Jugendlichen, dessen Eltern depressiv sind. Ich spüre beim Schreiben, dass ich euch nicht das geben kann, was ihr braucht, nicht allein durch ein Buch. Ich möchte euch Werkzeuge geben, aber ich bitte euch sehr, sucht euch Hilfe. Geht zu Therapeuten eures Vertrauens, sucht euch Seminare, in denen das Innere Kind und der innere Jugendliche geheilt werden. Probiert, wenn ihr erkennt, dass ihr co-abhängig seid, die anonymen Zwölf-Schritte-Gruppen für Co-Abhängige aus, die ich euch wirklich sehr empfehlen kann.* Denn ich kann euch nur Werkzeuge geben, euch aber durch ein Buch nicht wirklich begleiten, so gern ich das auch würde.

Der Zaubergarten, den du gerade kennengelernt hast, ist ein sehr wichtiges Werkzeug. Immer dann, wenn du es mit dem Depressiven zu tun hast, wenn du zu viel Verantwortung auf dich lädst, aber auch dann, wenn du bewusst Verantwortung zu tragen hast, im Beruf, als Mutter oder Vater oder auch in deiner Beziehung, bringe das Innere Kind zunächst an diesen inneren, sicheren Ort. Suche es in Gedanken auf, bringe es in den Zaubergarten, und rufe ausdrücklich den inneren Erwachsenen, der in der Lage ist, Verantwortung zu tragen, aber genauso gut Nein sagen kann.

Selbstverständlich gibt es für das Innere Kind sehr viele Helfer und Kraftquellen. Es ist dabei gleichgültig, ob DU an Engel und Elfen, Einhörner und Drachen glaubst. Dein Inneres Kind glaubt daran, und deshalb helfen sie auch.

Deshalb hier die nächste innere Reise für das Innere Kind.

Übung: Seelenanteile nach Hause schicken und Verbündete für das Innere Kind rufen

Du machst es dir bequem, schließt deine Augen. Es gibt nichts mehr zu tun, du darfst ganz und gar für dich selbst da sein.
Stelle dir nun bitte eine Lichtsäule vor, einen Strahl aus klarem, flirrendem Licht, der eine ganz besondere Qualität hat. Dieser

* www.coda-deutschland.de

Strahl verbindet dich mit deiner Seele. Mache einen Schritt, und stelle dich mitten in diesen Lichtstrahl hinein.

Die Lichtsäule wechselt nun die Farbe, sie strahlt in genau der Farbe, die dir gerade guttut. Das können natürlich auch mehrere Farben sein, lasse dich nähren und reinigen. Alles, was nicht mehr zu dir gehört, strömt nun ganz leicht nach oben oder in die Erde hinab. Du brauchst nicht zu wissen, was das ist, so, wie du auch nicht die genaue Zusammensetzung von Schmutz wissen musst, wenn du eine Dusche nimmst. Das Wasser wäscht alles ab, was nicht zu dir gehört, und genauso verhält es sich mit dem Licht. Es reinigt dich vor allem von innen.

Nun erlaube bitte, dass sich all die Seelenanteile, besonders die des Inneren Kindes, zeigen, die nicht mehr auf der Erde sein wollen. Sage ihnen: »Ihr dürft jetzt nach Hause gehen.« Alle Seelenaspekte, die sich in einer höheren Frequenz, im feinstofflichen oder auch nichtstofflichen Bereich deiner selbst wohler fühlen, dürfen jetzt den Körper verlassen. Sie gehören noch immer zu dir, sind Teil von dir, wirken aber nicht mehr im Emotionalsystem, in den Gedanken oder im Körper. Du nimmst nun wahr, wie einige oder auch viele Innere Kinder und auch andere deiner Seelenenergien deinen Körper verlassen, aufsteigen, lichtvoll werden. Engel kommen und holen diese Aspekte ab. Trägst du das Innere Kind des Kranken in dir, so verlässt nun auch dieses Innere Kind deinen Körper und wird nach Hause gebracht.

Sei bitte unbesorgt, es ist vollkommen sicher und richtig, dass du die Seelenanteile, die nicht mehr auf der Erde wirken wollen, nach Hause entlässt. Sie gehören nach wie vor zu dir, können aber, weil sie ins Licht geschickt werden, endlich ihren Schmerz loslassen. Besonders wenn du einen Verlust erlitten hast, wenn jemand ge-

storben ist, hilft es sehr zu erlauben, dass die Anteile, die mitgehen wollen, einfach mitgehen.
Sie steigen in der Lichtsäule auf und kehren dahin zurück, wo sie sicher, frei und voller Freude und Liebe wirksam werden können. Möchten sie in die Erde hineinströmen, so ist auch das vollkommen richtig, die Hauptsache ist, dass es sich frei und erleichternd anfühlt.
Das Licht wechselt noch einmal die Farbe und heilt jetzt dich, gibt dir Lebensenergie, vor allem aber Hoffnung.
Rufe nun bitte alle zu dir gehörigen Seelenanteile, die ab sofort durch dich wirken wollen. Auf der Stelle strömt neue Energie zu dir herab oder steigt aus der Erde zu dir auf. Seelenanteile, die ab heute in deinem Leben wirken wollen, die nun inkarnieren möchten, weil sie die Kraft haben, die du brauchst, und weil du nun heil genug bist, um ganz neue Erfahrungen zu machen, fließen in dich hinein und verändern dein gesamtes Körpergefühl.
Erlaube, dass sich diese Seelenanteile auf harmonischste Weise mit deinem Körper, deinen Gefühlen, deinen Chakren und deinem mentalen System verbinden.

Nach einer Weile kommt etwas in dir zur Ruhe, kommt an, wird stabil. Nun wird es Zeit, die Helfer für dein Inneres Kind zu rufen. Bitte nun also darum, dass all die Kräfte, die deinem Inneren Kind und auch deinem inneren Jugendlichen zur Verfügung stehen, egal, ob du sie kennst oder nicht, zu dir strömen und sich dir zeigen. Bitte ganz besonders die Kräfte, die dem verletzten Inneren Kind helfen, sich zu zeigen, damit du sie kennenlernst und weißt, dass dein Inneres Kind bestens versorgt ist.

Nun sieh bitte vor deinem inneren Auge eine jener Situationen, in denen du als Kind oder Jugendliche(r) verletzt, im Stich gelassen oder beschämt wurdest, zu viel Verantwortung auf dich geladen hast oder verlassen wurdest, gar Tod erlebt hast. Entscheide dich für eine Notsituation, du kannst diese innere Reise jederzeit wiederholen und dir die anderen Situationen anschauen. Sieh das Kind oder den Heranwachsenden in Not. Gehe nun bitte als du selbst, als der Erwachsene, der du heute bist, zu dem Kind hin, und nimm es in den Arm, oder sei bei ihm. Sage ihm, was immer hilfreich ist, auf jeden Fall aber: »Ich bin auf deiner Seite.« Und nun rufe das Krafttier oder die helfende Wesenheit für genau diese Situation und genau dieses Innere Kind. Erlaube, dass diese Wesenheit dem Inneren Kind auf ihre Art hilft. Sei du aber bitte auch da, du, der erwachsene Anteil dieses Kindes oder Heranwachsenden. Es ist wichtig, dass du erkennst, dass auch du selbst dir helfen kannst, dass du stark und erwachsen bist. Du kannst jederzeit um Hilfe bitten, aber stehe unbedingt auch du selbst als starker Verbündeter dem Kind zur Verfügung.
Nimm wahr, was geschieht, wenn du um spirituelle und geistige Hilfe bittest. Von nun an ist dein Inneres Kind nie mehr einsam, es hat starke Verbündete an seiner Seite, zuallererst dich selbst, aber auch Heerscharen von Krafttieren und Lichtwesen.
Ruhe dich noch ein wenig in der Lichtsäule aus, erlaube, dass sie in dir nachströmt, nachwirkt, und komme dann in deiner Zeit in den Raum zurück, in dem du dich befindest.

Warum ist es wirklich wichtig, dass du nicht nur Engel zum Inneren Kind schickst, sondern auch selbst als Erwachsener anwesend bist? Weil du damit deine Selbstbestimmung und dein Wurzelchakra stärkst. Lichtvolle Begleiter zu rufen ist wundervoll und sehr hilfreich, aber auch du selbst brauchst die Erfahrung, dass du für dich einstehen kannst.

Ich schreibe der Einfachheit halber immer »Inneres Kind«, ich meine damit aber auch die/den inneren Heranwachsende(n). Letztlich zählt er zu den Inneren Kindern, denn auch er kann sich noch nicht vollständig allein versorgen, und dieser abhängige Aspekt ist in Not.

Es kann sehr gut sein, dass sich innere Anteile in Not sehr weit zurückgezogen haben, so sehr, dass du sie nicht mehr spürst, deshalb hier die nächste innere Reise.

Übung: Das verlorene Innere Kind abholen

Vor deinem inneren Auge entsteht ein Tor, eine Tür oder ein Übergang in deine innere Welt. Es gibt nichts mehr für dich zu tun, du darfst dich entspannen. Du brauchst niemandem zu gefallen, für niemanden zu sorgen und es niemandem recht zu machen. Du darfst hier ganz und gar sein, wer du bist, und dir und deinen inneren Bildern folgen.
Hinter dem Tor oder dem Übergang findest du eine wundervolle Landschaft, in der du spazieren gehst. Du spürst, dass es wichtig ist, dein verlorenes Inneres Kind abzuholen und zu retten. In einiger Entfernung entdeckst du eine trutzige Burg. Du gehst auf die Burg zu, ein Wächter steht vor der hochgezogenen Zugbrücke. Er sieht gefährlich aus, und das ist auch seine Aufgabe. »Was ist dein Begehr?«, fragt dich der Wächter, und du sagst: »Ich bin gekommen, um mein Inneres Kind zu erlösen.«

Der Wächter schaut dich scharf an, dann erkennt er dich und macht mit der Hand ein Zeichen. Augenblicklich senkt sich die Zugbrücke. Du spürst, wie es dich in die Burg zieht, selbst wenn du ein wenig Herzklopfen hast. Du überquerst die Zugbrücke, gehst durch das Burgtor und stehst auf einmal inmitten der Burg. Sie ist dunkel und düster, eine echte Festung. Du gehst weiter, vor dir siehst du ein zweites Tor. Es ist verschlossen, eine dicke Eichentür versperrt dir den Weg. Auf einmal, du weißt nicht, wie es geschehen konnte, hältst du einen goldenen Schlüssel in der Hand. Der Schlüssel passt genau, du drehst ihn, und das Eichentor schwingt auf.

Dahinter liegt ein dunkler, felsiger Gang, du musst dich ein wenig ducken, um ihn entlangzugehen. Doch all das macht dir nichts aus, denn du weißt, dass dein Inneres Kind im Kerker dich braucht. Dunkler und enger wird der Gang, doch unbeirrt gehst du weiter. Du lässt dich ganz und gar von deinem Herzen leiten. Und das zieht dich mit Macht ins Innere der Burg. Auf einmal stehst du vor einer Gittertür. Dahinter im Kerker findest du ein Kind, es liegt auf dem Boden oder sitzt an der Wand. »Ich bin gekommen, um dich zu retten und um dich ans Licht zu führen«, sagst du dem Kind. Nun nimmst du wahr, wie es dem Kind geht.

Was braucht es, wie kannst du es aus diesem Kerker holen?

Probiere, wenn es keine andere Lösung gibt, den Schlüssel aus, mit dem du bereits die Eichentür geöffnet hast. Passt er nicht, dann erscheint jetzt ein zweiter Schlüssel, einfach so. Du hast ihn schon lange unbemerkt in Herzen getragen.

Du schließt die Kerkertür auf und nimmst dein Inneres Kind in den Arm, egal, wie es aussieht. Sage ihm: »Ich sehe dich, ich höre dich, und ich nehme dich wahr. Ich bin gekommen, um dich ins Licht zu bringen, ins Freie. Du darfst leben.«

Trage das Innere Kind aus dem Kerker heraus, wenn es nicht selbst laufen kann, führe es durch den Gang aus der Burg heraus. Niemand wird dich aufhalten, denn du selbst hast das Innere Kind eingesperrt. So kannst auch nur du es erlösen.
Ihr verlasst die Burg und geht einen Weg entlang, der mit jedem Schritt zauberhafter wird. Irgendwann kommt ihr an das große, weiße Tor des Zaubergartens. Der Wächter kennt dich und öffnet das Tor. Ihr tretet ein, und der Hüter des Zaubergartens, der große Engel, nimmt dir das Kind ab. Er gibt ihm genau das, was es braucht: emotionale Nahrung, Liebe, Trost, Mitgefühl, Geborgenheit. Vielleicht löst sich das Kind auch einfach auf, verschmilzt mit dem Engel oder will in der Lichtsäule nach oben aufsteigen. Erlaube, dass genau das im Zaubergarten geschieht, was für das Kind das Richtige und Ideale ist. Voller Vertrauen darfst du dabei zuschauen, wie das Innere Kind im Zaubergarten heilt, selbst wenn das bedeutet, dass es sich auflöst.
Lasse geschehen, was immer geschehen will, und komme dann langsam in den Raum zurück, in dem du dich befindest.

Und eine weitere innere Reise, wenn du dich unerwünscht fühlst und die bewusste Verantwortung für dich übernehmen möchtest:

Übung: Sich selbst in Empfang nehmen

Erlaube dir, dich zu entspannen, es gibt jetzt nichts mehr für dich zu tun. Du brauchst in diesem Raum niemandem zu gefallen und

es niemandem recht zu machen. Du darfst ganz und gar so sein, wie du bist. Erlaube dir, ein wenig tiefer als sonst zu atmen.
Nun stelle dir bitte deine eigene Geburt vor. Du siehst dich aus dem Bauch deiner Mutter kommen oder per Kaiserschnitt geholt werden. Nimm es wahr, wie es sich dir heute zeigt. Selbst wenn diese Geburt anders aussehen mag, als dir erzählt wurde, so ist für heute diese Geburt genau richtig. Sieh also das kleine Baby auf die Welt kommen. Und dann gehe sofort als der Erwachsene, der du heute bist, zu dem Baby hin. Nimm es in Empfang, halte es ganz bewusst. Sage diesem kleinen Baby, das gerade geboren wurde: »Ich bin für dich da. Du brauchst niemals allein zu sein und keine Angst zu haben, bei mir bist du sicher. Ich halte dich, und ich liebe dich. Ich freue mich über dich, und ich liebe dich für das, was du bist, egal, was du tust.«
Nun lege das Baby, wenn du willst, an deine Brust, und nähre es. Kannst oder willst du das nicht, so rufe eine gute Kraft deines Vertrauens, zum Beispiel Mutter Erde oder Mutter Maria, und bitte sie, das Kind mit dir zusammen zu nähren und zu versorgen. Du bist für das Kind verantwortlich, aber du musst nicht alles allein machen. Mehr gibt es nicht zu tun, halte einfach das Baby, und sage ihm: »Ich bin für dich da, ich halte dich, und ich freue mich über dich.« Wie geht es dem Baby, wenn es so von dir gehalten wird? Und wie fühlst du dich, wenn du dein Inneres Kind hältst?
Verweile nun noch ein wenig mit dem Baby auf dem Arm, atme, und spüre die Geborgenheit.

Ich weiß, dass ich euch mit diesen Übungen nur unzulänglich helfen kann. Die Not des Kindes, das ständig für die Eltern da sein musste und selbst nicht gesehen wurde, ist überhaupt nicht in Worte zu fassen. Natürlich reicht es nicht, ein paar innere Übungen zu machen. Dennoch sind das alles kraftvolle Werkzeuge, mit denen du deine Beziehung zu deinem Inneren Kind deutlich verändern kannst. Ich bitte dich inständig: Nutze sie! Für besonders wichtig halte ich das Erlösen des Inneren Kindes aus den bedrohlichen Situationen, deshalb den Ablauf noch einmal in Kurzform:

Wann immer du in deinem jetzigen Leben Schuldgefühle bekommst, wenn du für dich selbst einstehen willst, wann immer du zu verletzlich bist oder auf unangemessene Weise reagierst, nutze diese schwierige Situation als emotionalen Spiegel.

Nimm dir möglichst zeitnah eine ruhige Minute, und erlaube deinem Inneren Kind, dir die Situation zu zeigen, in der es sich ähnlich gefühlt hat, auch wenn die Situation selbst vielleicht eine völlig andere war. Das Wichtigste: Glaube dir!.

Stelle dir die Situation von damals vor, fühle sie. Und dann rette das Kind, indem du als der heutige Erwachsene zu ihm hingehst und das tust, was du für ein Kind, das du sehr liebst, eben tun würdest. Hole das Kind, das du warst, ausdrücklich und vehement aus der verletzenden, bedrohlichen und beschämenden Situation heraus, gib ihm das, was es braucht. Bringe es an den sicheren Ort, stelle ihm Helfer zur Seite, und sage den Erwachsenen von damals: »Ich erlaube euch nie wieder, das Kind zu verletzen.« Sei sein unverbrüchlicher Verbündeter, denn das ist es, was dir damals so dringend fehlte.

Wozu dient diese innere Übung? Du erlebst die bedrohliche Situation nun auf eine andere Weise noch einmal. Dieses Mal jedoch ist jemand da, der dir hilft, der für dich einsteht, und damit wird die emotionale Erfahrung von Einsamkeit und Not in der Amygdala nach und nach gelöscht. Du erlebst, dass du beschützt wirst, ja, dass du es überhaupt wert bist, geschützt zu werden, und dass sich jemand die Mühe macht, für dich einzustehen. Damit stärkst du dein Selbstwertgefühl, wirst dir deiner Selbstbestimmung und deiner Daseinsberechtigung bewusster.

Bitte mache das immer dann, wenn es nötig ist. Das Innere Kind zu treffen ist kein Arbeitsauftrag, sondern eine Einladung, eine stabile und fürsorgliche Beziehung zu dir selbst einzugehen.

Hat dich der depressive Angehörige ganz akut verletzt, zurückgewiesen oder beschämt, so brauchst du nicht in deine Kindheit zurückzugehen. Schaue bitte in einer ruhigen Minute (aber möglichst schnell nach der Verletzung) nach deinem Inneren Kind, indem du Kontakt mit ihm aufnimmst. Gehe hin zu deinem verletzen Inneren Kind, nimm es in den Arm, und sage ihm: »Ich bin für dich da. Ich sehe dich, ich höre dich, und ich nehme dich wahr. Du kannst nichts dafür.« Und dann bringe es an den inneren sicheren Ort, den Zaubergarten. Sage dem Depressiven in Gedanken: »Ich erlaube dir nie wieder, mein Inneres Kind zu verletzen.« Auch deinem eigenen Kind darfst du das nicht erlauben.

Wie meine ich das? Natürlich kannst du nicht verhindern, dass dein depressiver Angehöriger weiterhin auf verletzende Weise mit dir umgeht. Du kannst aber sehr wohl verhindern, dass dein Inneres Kind darunter leidet. Bringe es in den Zaubergarten, bevor du mit ihm, dem Angehörigen, zu tun hast.

Es ist sehr schwierig, den Wunsch des Kindes, das du einst warst, nach einem stabilen, sicheren Elternhaus loszulassen. Selbstverständlich. Ich sehe deinen Schmerz, und du hast mein vollstes Mitgefühl. Doch eines Tages wirst du anerkennen müssen, was ist. Auch das sehnsüchtige Innere Kind muss das tun. Das kann es aber nur dann, wenn es in Sicherheit ist, wenn du das bist und eine gesunde, stabile Beziehung mit ihm führst.

Ich bitte dich, führe die Übung »Den eigenen Schmerz anerkennen und in Frieden damit kommen« (S. 103 ff.) immer wieder durch, und zwar mit dem Anteil, der im Schmerz ist, der Sehnsucht hat, der hadert, wütend oder verzweifelt ist. Du bist auf vielerlei Arten verletzt, in jeder Schicht, emotional, physisch, mental, spirituell. Du brauchst nicht eine Übung zu machen, und alles wird gut, sondern du darfst »deine Knochen einsammeln«, wie es im Buch »Die Wolfsfrau«* so eindrücklich beschrieben wird. Das braucht Zeit, Geduld, Mitgefühl mit dir selbst und einen sehr achtsamen Umgang mit dir und deinem Inneren Kind.

Du kannst den Kranken nicht gegen seinen Willen retten. Noch einmal:

---

* Clarissa Pinkola Estés: Die Wolfsfrau. Die Kraft der weiblichen Urinstinkte. Heyne 1997.

Du kannst den depressiven Angehörigen nicht gegen seinen Willen retten.

Du kannst nur das für ihn tun, was er erlaubt. Du kannst für ihn da sein, Hilfe für ihn rufen und eine ganze Menge tun, aber du kannst ihn nicht heilen oder am Leben erhalten. Dich selbst aber schon. Und wenn du das tust, dann stoppt an dieser Stelle die Krankheit, du gibst ihre Auswirkungen nicht an deine Umgebung weiter.

Denn die meisten Depressiven schleppen eine ganze Armee an bedürftigen, weil ausgelaugten Angehörigen und Freunden, ja, sogar Therapeuten hinter sich her, die ihrerseits Hilfe brauchen und oftmals wiederum andere – ich sage es einmal so deutlich – belasten. Irgendjemand muss aufhören, die Krankheit und ihre Auswirkungen weiterzugeben, und das kannst natürlich sehr gut du sein.

Das Innere Kind deines Kindes

Was, wenn dich deine Not, deine Co-Abhängigkeit oder deine unglückliche Kindheit daran gehindert hat, deinem eigenen Kind alles zu geben, was es brauchte? Was, wenn du das Unglück und den Mangel an deine Kinder weitergegeben hast, unbeabsichtigt, aber dennoch wirksam? Was, wenn dein Kind depressiv ist?

Natürlich ist es sinnvoll, wenn deine Kinder ab etwa sechzehn Jahren von sich aus eine gute Beziehung zu sich selbst und ihrem Inneren Kind aufbauen. Aber gerade als Mutter oder Vater kannst du sehr viel für dein Kind tun, sogar wenn es selbst nicht bereit dazu ist.

Kannst du dir vorstellen, dass du eine Vereinbarung mit den Seelen deiner Kinder getroffen hast? Und wie wäre es, wenn diese Vereinbarung folgendermaßen lauten würde:

Ich unterstütze dich dabei, deine Seele in einen Körper zu bringen, ich wärme, nähre und gebäre dich, ich stelle meinen Samen oder meine Eizelle zur Verfügung und biete dir die Möglichkeit, als Mensch zur Erde zu kommen. Ich bin bei dir und gebe dir Raum, dich zu entfalten, ich lehre dich alles, was ich dich über das Leben auf der Erde lehren kann, und schütze dich, so, wie ein Gewächshaus die kleinen Pflanzen schützt. Ich nähre dich so lange, wie es nötig ist, und ich stehe dir als Kanal für all die Energien zur Verfügung, die du brauchst, um auf der Erde anzukommen, so lange, bis du sie selbst in dir halten kannst. Ich erlaube dir, einen Seelenstrahl, der all die Liebe und Fürsorge enthält, die du brauchst, durch mein Herz in dein neu entstehendes Erdenherz zu senden. Ich stelle mein Herz für all das, was du auf der Erde brauchst, zur Verfügung, so lange, bis dein eigenes Herz herangereift ist. Ich erlaube dir, meinen Körper, meine Energie und meine Herzenskraft zu nutzen, um dich hier zu verankern, indem ich als Kanal für all die Energien fungiere, die du dir selbst durch mich schicken willst. Du wählst, welche Energien du brauchst, und ich öffne mich dafür, sie dir zukommen zu lassen, indem ich dir mein Herz und meine Lichtbahnen zur Verfügung stelle. Wenn du diese Energie selbst in dir halten kann, lasse ich diesen Kanal wieder los. Ich weiß, dass ich die Kraft, die du zum Leben brauchst, nicht aus mir selbst herauszuziehen brauche. Meine Liebe zeigt sich darin, dass ich für deine Energie zur Verfügung stehe, dass ich deinen Seelenstrahlen erlaube, mein Herz zu nutzen. Du kannst dir, wann immer du es brauchst, die Energie holen, die durch mich aus deiner eigenen Seele zur Erde fließen will. Ich verspreche dir, mein Herz zu öffnen und offen zu halten, ich verspreche dir, aus dem Herzen heraus zu handeln und deinen Seelenstrahl um Rat zu fragen. Mein Dienst ist, dass ich innerlich beiseitetrete und Kanal für deine Seele bin, und indem ich deinem Seelenstrahl erlaube, mich zu führen, weiß ich immer, was für dich richtig ist. Ich bitte deinen Schutzengel, dein hohes Selbst und dein Bewusstsein, mich zu dem Vater, zu der Mutter zu machen, die du brauchst, indem ich für diese besondere Energie zur Verfügung stehe.

Wenn wir wirklich als Kanal für die Seelenenergie unserer Kinder zur Verfügung stehen, wenn sie sich also durch uns selbst die Energien schicken, die sie brauchen, um auf der Erde anzukommen, dann wissen wir als Eltern: Wir sind geführt, wir sind Mittler zwischen Seele und heranreifendem Menschen. Die Seelen der Kinder sorgen für sich selbst. Egal, wie alt dein Kind heute ist, diese Imagination kannst du jederzeit für das Kleine, das du gezeugt, geboren, genährt und beschützt hast, durchführen. Es gibt auf Seelenebene keine Zeit, deshalb wirkt diese innere Reise auch dann, wenn dein Kind schon dreißig ist.

Übung: Den Seelenstrahl deines Kindes verankern

Mache es dir bitte bequem, erlaube dir, die Kontrolle über deine Gefühle loszulassen, und lasse dich einfach so sein, wie du bist.
Bitte jetzt deinen Schutzengel und/oder dein Krafttier und den Schutzengel und/oder das Krafttier deines Kindes zu dir, und erlaube dir, ihre warme, liebevolle Präsenz zu spüren. Vor deinem inneren Auge entsteht nun eine Lichtsäule, die sich sehr kraftvoll und warm anfühlt, und du trittst ein in diese Lichtsäule. Sie bildet das Tor zu der Ebene, der Dimension, in der du die Seele deines Kindes triffst. Lasse dich durchströmen von all dem Licht, lasse dich nähren, dich mit Kraft versorgen und dich beruhigen und stärken.
Bitte den Schutzengel und das Krafttier deines Kindes, bei dir zu sein und dich über dein Herz mit der Seele deines Kindes zu verbinden, so, wie das für euch beide richtig und stimmig ist. Nun bitte die Seele deines Kindes, dir genau die Energie, den Lichtstrahl zu schicken, der durch dich für dein Kind auf der Erde zur Verfügung stehen will und sollte. Bitte darum, dass also genau die Frequenz,

die Farben durch dein Herz fließen, die dein Kind wie Muttermilch aus seiner eigenen Seele heraus nähren. Erlaube diesem Lichtstrahl, in dein Herz hineinzuströmen, und nimm seine Farbe oder seine besonderen Eigenschaften wahr, vielleicht als Gefühl, als Gedanke, als körperliche Empfindung oder als plötzliches inneres Wissen. Bitte nun darum, dass dieser Strahl stabil in dir verankert wird – und dann sieh in Gedanken dein Kind vor dir. Sieh es in dem Alter, in dem es sich dir heute zeigt. Jede Alterstufe ist für eine andere Seelenenergie bereit. Schicke deinem Kind einen Lichtstrahl aus deinem Herzen heraus, genau den Lichtstrahl, der aus seiner Seele in dich einströmt. Du bist nun Vermittler zwischen der Seele deines Kindes und seinem Herzen. Schaue, was geschieht, wenn du es mit seiner eigenen Energie anfüllst. Natürlich fließen auch deine persönliche Liebe, Fürsorge und Energie in das Herz des Kindes, aber der Seelenstrahl ist in diesem Fall besonders wichtig. Entscheide dich dafür, diesen Seelenstrahl deines Kindes immer dann um Rat zu fragen, wenn du nicht weißt, wie du handeln sollst. Damit bittest du die Seele des Kindes selbst, es zu führen und zu leiten, und wer weiß besser, was dein Kind braucht und erleben und lernen darf und muss, als seine eigene Seele? Entscheide dich, deinem Herzen zu folgen, indem du dem Seelenstrahl erlaubst, über dein Herz mit dir zu kommunizieren.

Und dann bitte den Schutzengel und das Krafttier des Kindes zu dir, bitte beide, eine stabile Verbindung mit deinem Herzen herzustellen und dir immer genau die Impulse zu geben, die dem allerhöchsten Wohl deines Kindes dienen. Das heißt nicht, dass du ihm alles recht machen sollst! Der Seelenstrahl deines Kindes weiß genau, wann es richtig ist, dem Kind nachzugeben, aber auch, wann es welche Art von Führung braucht. Vor allem aber kann das Innere Kind aus dieser geistigen Quelle »trinken«, wann immer das nötig ist. Das

verbindet euch auf eine neue, vielleicht nie gekannte Weise und stellt die stetige Versorgung mit seelischer Energie sicher.
Komme dann in deiner Zeit durch die Lichtsäule wieder zurück, und bringe die Anbindung an den Strahl deines Kindes mit in diese physische Dimension, in deine irdische Präsenz.
Ruhe dich noch ein wenig aus, und spüre diese neue Energie, die du für dein Kind hütest.

Deinem Kind seine eigene Seelenenergie zur Verfügung zu stellen ist das eine. Doch du kannst noch viel mehr. Du hast die ausdrückliche Erlaubnis, die Seelenenergien deiner Kinder zu hüten. Deiner Kinder! Nicht die der Erwachsenen, zu denen deine Kinder heranreifen. Du musst sie loslassen, die Kinder, sie ihren eigenen Weg gehen lassen, das ist die Vereinbarung mit ihrer Seele. Du tust das für sie, was sie nicht für sich tun können, aber nicht mehr.

Dein Kind, egal, wie alt es ist, hat natürlich auch ein Inneres Kind. Und egal, aus welchen Gründen du deinem Kind nicht früher geben konntest, was es brauchte, oder auch egal, aus welchen Gründen dein Kind heute in Not ist, du darfst für das Innere Kind deines Kindes da sein. Ist dein Kind, egal, in welchem Alter, depressiv, dann hat es ein äußerst bedürftiges Inneres Kind, das sich vermutlich an dich klammert.

Deshalb biete ich dir hier eine innere Reise an, die du auch ungefragt für das Innere Kind deines Kindes anwenden darfst. Bitte nutze diese Reise aber nur für deine Kinder. Das Innere Kind deines Vaters oder deiner Großmutter zu hüten ist nicht hilfreich, wirklich nicht. Weil du aber Mutter oder Vater bist, darfst du der Seele, die durch dich zur Erde gekommen bist, in vielerlei Hinsicht zur Verfügung stehen.

Der Vollständigkeit halber: Diese Imagination kannst du auch für dein Tier machen. Tiere sind unsere Schutzbefohlenen, und wenn sich uns eine Tierseele anvertraut, dann dürfen wir für sie da sein wie für ein Kind. Warum? Weil ein Tier nicht mehr in der Lage ist, für sich selbst einzustehen, wenn es sich in unsere Obhut begeben und damit von uns abhängig gemacht hat. Zumal es ja meistens wir Menschen sind, die ein Tier erst in eine schwierige Lage bringen. Nutze bitte also diese innere Reise auch dann, wenn du spürst, dass dein Tier in Not ist oder ihm eine positive Kindheitserfahrung fehlt. (Diese Übung ist auch sehr hilfreich für misshandelte Tiere! Auch ihnen fehlt, wie dem verletzten Inneren Kind, ein menschlicher Verbündeter, der sich bedingungslos für es einsetzt.) Ersetze die Worte »dein Kind« dann einfach durch »dein Tier«.

Setze ich dadurch Tiere mit Kindern gleich? Nein. Und ja. Wenn du ein Tier liebst, dann stellt sich dir diese Frage sowieso nicht. Tust du das nicht, dann überlies diese Stelle bitte wohlwollend. Ich danke dir.

Die nachfolgende innere Reise mag ein wenig verwirren. Ich führe sie sonst nur in Einzelsitzungen durch. Wenn ich dabei bin, ist sie ganz einfach, denn ich kommuniziere mit meinem Klienten während der inneren Reise und kann ihn so führen. Weil ich nun aber nicht neben dir sitze, erkläre ich dir die Reise zunächst, damit du sie verstehst.

Du erinnerst dich an die Übung, in der du dein eigenes Inneres Kind gerettet hast? Du bist in die Situation von damals als der Erwachsene von heute mit hineingegangen, warst zweimal anwesend: als der Mensch, der du jetzt bist, und als Kind, das in Not war.

Genau das tun wir jetzt wieder. Du erlaubst dem Inneren Kind deines Kindes, dir eine Situation zu zeigen, in der es in Not war. Möglicherweise fällt dir selbst eine Begebenheit ein, in der du dem Kind nicht geben konntest, was es brauchte. Du schaust in dieser Situation dennoch zunächst auf dich als die Mutter, den Vater von damals. Denn nicht nur dein Kind, sondern auch du warst in großer Not, sonst hättest du anders gehandelt. Du gehst in diese Situation als der Mensch von heute, der reifer und stabiler ist als der Mensch, der du damals warst, mit hinein. Zunächst kümmerst du dich bitte um dich. Denn nur wenn du als Mutter oder Vater stabil bist, kannst du auch deinem Kind das geben, was es braucht.

Erst wenn du dich selbst als den Menschen von damals versorgt hast, kümmerst du dich um das Innere Kind deines Kindes und gibst ihm das, was es braucht.

Dabei gibt es zwei Möglichkeiten: Entweder bist du in der inneren Reise als die Mutter oder der Vater von damals, weil du von dir selbst gehalten und versorgt wurdest, nun in der Lage, dem Kind von damals das zu geben, was es brauchte. Oder aber du als die Mutter, der Vater von heute gibst dem Kind von damals das, was noch immer fehlt.

Ich weiß, das klingt kompliziert. Doch wenn du diese innere Reise durchführst, fühlt es sich ganz natürlich an.

Übung: Das Innere Kind deines Kindes/deines Tieres hüten

Mache es dir so bequem, dass du dich wohl und sicher fühlst. Gehe in Gedanken durch ein Tor, du durchschreitest es mühelos. Es gibt nichts mehr zu tun, du brauchst niemandem zu gefallen. Es geht jetzt nur um dich und um deine Bereitschaft, das, was du in dir wahrnimmst und fühlst, auch zu glauben, es also für wahr zu nehmen.
Bitte nun das Innere Kind deines Kindes, sich dir zu zeigen. Nimm es wahr, wie es ist, egal, ob es dir gefällt oder nicht. Es ist wirklich wichtig, dass es sich dir so zeigen darf, wie es ist. Das Innere Kind braucht die Gewissheit, dass du auf genau die Weise da bist, die das Kind benötigt. Wenn du das Innere Kind deines Kindes wahrnimmst, frage es, was es von dir braucht. Und dann gib es ihm, wenn es irgendwie in deiner Macht steht. Sei auf genau die Weise für das Kind da, um die es dich bittet. Kannst du ihm nicht das geben, was es braucht, dann bitte die Schutzengel und Krafttiere dieses Inneren Kindes, für es da zu sein. Du darfst das Innere Kind deines Kindes sogar zurück in den Bauch nehmen, wenn du seine Mutter bist, oder es dir an die Brust legen und es nähren. Sei völlig offen für das, was es sich von dir wünscht, und vertraue ihm. Es ist erstaunlich, wie genau das System weiß, was es braucht, um heil zu werden.

Hast du das Innere Kind deines Kindes abgeholt und ihm das gegeben, was es braucht, frage es, ob es dir eine Situation zeigen will, in der es durch dich in Not war. Vielleicht erinnerst du dich selbst an eine Situation, in der du dem Kind von damals nicht gegeben hast, was vonnöten war. Möglicherweise leidest du schon lange darunter, in einer bestimmten Situation nicht für dein Kind da gewesen zu sein. Erlaube dir also, diese schmerzliche Situation vor deinem inneren Auge zu sehen, dich daran zu erinnern. Zeigt dir das Innere Kind deines Kindes diese Situation, so erlaube ihm das bitte, und sei vollkommen offen. Selbst dann, wenn du nicht erkennen kannst, auf welche Weise du das Kind im Stich gelassen hast. Glaube ihm einfach, selbst wenn du dich schämst oder traurig wirst.

Du bist nun also in einer früheren Situation mit deinem Kind. Schaue dir bitte die Frau, den Mann, die oder der du damals warst, an. Sieh bitte auch ihre oder seine Not, sie oder er konnte nicht anders. Gehe nun als der Mensch, der du heute bist, zu der Frau oder dem Mann von damals hin. Nimm dich selbst in den Arm, und sage dir: »Ich bin bei dir. Ich bin gekommen, um dir Kraft und Trost zu geben.«

Nimm nun bitte wahr, wie du als die Mutter oder der Vater von damals stärker wirst, dich entspannst, ruhiger oder auch mutiger wirst. Und nun gib dem Kind in der Situation von damals das, was es von dir gebraucht hätte. Entweder kann es der Mann oder die Frau von damals nun selbst tun, oder du als der Mensch von heute tut das.

Sieh dich dein Kind nähren, halten, trösten, oder sieh, wie du ihm beistehst, während du dich gleichzeitig selbst hältst.

Bleibe so lange in den inneren Bildern, bis du dich friedlich fühlst, bis das Innere Kind deines Kindes das bekommen hat, was es braucht. Du kannst diese Imagination immer wieder wiederholen, sie ist ein Werkzeug, das du immer dann nutzen kannst, wenn dein Kind in Not ist.

Komme in deiner Zeit in den Raum zurück, in dem du dich befindest.

Wie gut diese innere Reise funktioniert, habe ich gerade von ein paar Tagen erleben dürfen. Es gab dieses Erdbeben in Nepal, das so viele Menschen in Schock und Verzweiflung stürzte, während wir ein Inneres-Kind-Seminar gaben. Eine Frau war sehr unglücklich, weil ihre Tochter gerade in Nepal war. Der Tochter war zwar nichts passiert, doch sie, die Tochter, war sehr im Schock. Dazu kam, dass die Tochter aufgrund einer geistigen Behinderung sich emotional kaum selbst beruhigen konnte. Selbstverständlich war die Tochter nicht allein in Nepal, doch meine Teilnehmerin fühlte sich als Mutter sehr hilflos.

Ich sagte ihr: »Schließe deine Augen, und rufe das Innere Kind deiner Tochter, das so verängstigt ist.« Sie sah das Innere Kind, das ziellos umherirrte. »Nimm es nun in den Arm, und sage ihm, dass du da bist und auf es aufpasst«, sagte ich. Das tat sie, und auf der Stelle wurde das Kind ruhiger. Doch es reichte nicht, das spürten wir beide. Der Schock und die Unsicherheit waren einfach zu groß für die Tochter.

»Rufe nun das innere Baby«, sagte ich, und sie tat es. »Und nun nimm das Baby zurück in deinen Bauch, sage ihm, dass es bei dir in Sicherheit ist und dass du es so lange in dir hütest, bis die Situation außen wieder sicher ist.«

Das funktionierte ganz hervorragend, die Tochter entspannte sich vor dem inneren Auge meiner Teilnehmerin, und auch sie selbst wurde sehr viel ruhiger. Warum das funktionierte? Nun, ich habe meine Antworten, du hast vielleicht andere. Wir sind nun einmal Energiewesen und auf für viele (nicht alle) Menschen unsichtbare, dennoch sehr wirksame Weise miteinander verbunden.

»Denke bitte daran«, sagte ich ihr noch, »und das ist wichtig, dass du das Innere Kind deiner Tochter wieder an sie zurückgibst, wenn sie in der Lage ist, es wieder selbst zu halten.«

Und ein Tier-Beispiel:

Auf einem Pferdehof gab es ein wenig Durcheinander, der Tierarzt sollte einen noch sehr jungen Hengst kastrieren, und die ganze Herde war in Aufruhr. Meine Freundin, der dieser Hof gehört, rief mich an und erzählte, dass sie in Schwierigkeiten war, weil sie nicht wusste, wie sie emotional für all diese Pferde sorgen sollte. Der kleine Hengst war eigentlich noch zu jung für eine Kastration, doch er bestieg bereits die Stuten, und es wurde Zeit einzugreifen. Das Schwierige war, dass die Leitstute der Herde, die diesen kleinen Hengst während des Tierarztbesuches beschützen wollte, fast durchdrehte. Sie war noch mehr in Not als der kleine Hengst selbst.

Ich sagte ihr: »Machen wir ein Experiment. Entlaste die Leitstute. Nimm das Babyfohlen des jungen Hengstes in deinen Bauch, gib ihm Schutz und Sicherheit, indem du es in deine Gebärmutter hineinnimmst. Sage der Stute: ›Ich kümmere mich für dich um den Kleinen, entspanne dich, ich übernehme das, bis du es wieder kannst.‹«

Meine Freundin ist eine großartige Heilerin, und sie wusste sofort, was ich meinte. Und siehe da, sie fühlte sich wieder machtvoll und ermächtigt, der kleine Hengst wurde ruhiger, die Leitstute entspannte sich, und es kehrte Frieden in die Herde ein.

Natürlich entließ sie ihn wieder aus ihrer Obhut und gab ihn sich selbst und der Leitstute zurück, als die Situation wieder sicher war.

Auch Tiere haben Innere Kinder, mit denen wir arbeiten können, das zeigt sich mir in meiner Arbeit immer wieder.

Ob du diese Übung auch mit von dir adoptierten Kindern durchführen kannst und darfst, weiß ich, um ehrlich zu sein, nicht. Ich bitte dich, frage die Seele des Kindes, das du hütest. Rufe das Innere Kind des Kindes, und frage es, ob es in deinem Bauch einen guten Platz für sich findet.

Mutter Maria oder eine andere Kraft deines Vertrauens sind immer zur Stelle, um sich der Inneren Kinder in Not anzunehmen.

Selbstverständlich sind diese Kräfte auch jederzeit für dein eigenes Inneres Kind da.

Nachwort

Habe ich dich mit all diesen inneren Reisen überfordert? Ich hoffe nicht. Ich möchte dir mit diesem Buch möglichst viele Werkzeuge für viele Ebenen geben, mit denen du für dich sorgen kannst. Vor allem aber möchte ich eines, und ich hoffe wirklich sehr, dass mir das gelungen ist: dir Mut machen, für dich zu sorgen oder aber, wenn du erkennst, du kannst es nicht, dir ausdrücklich und bewusst Hilfe zu suchen.

Du hilfst niemandem, wenn du dich permanent überforderst oder dich vom System des Kranken einfangen lässt. Es genügt völlig, dass er unter seiner Depression leidet.

Etwas ist mir eines Tages klar geworden. Wenn ich versuche, das Leid der Welt zu mildern, indem ich es anderen abnehme, geschieht gar nichts. Ich verteile nur die Lasten anders. Denn auch mein Schmerz zählt. Wenn du einen anderen erfreust, aber selbst im Schmerz und im Unglück lebst, dann vergrößerst du Schmerz und Unglück, egal, wie viel Freude du bringst. Mache zehn Menschen glücklich, auch wenn du selbst unglücklich bist, und du hast zum Glück der Welt beigetragen – diese Gleichung geht nicht auf. Warum nicht? Weil dein Unglück zehn andere Menschen, die dir helfen und deinen Schmerz mittragen wollen, an dich bindet. Du nährst das System der Co-Abhängigkeit, wenn du nicht für dich selbst sorgst, weil du damit wieder andere anziehst, die nun ihrerseits für dich sorgen möchten (oder sich gar dazu genötigt fühlen!), selbst wenn du das gar nicht willst. Das Glück, das du anderen bringst, wiegt nicht den Schmerz auf, den du dem Gesamtsystem aufbürdest, wenn du dich nicht um dich selbst kümmerst. Für mich war diese Erkenntnis sehr wichtig, habe ich doch das, was ich selbst fühle, nie für schwerwiegend genommen. Doch meine Gefühle wiegen genauso schwer wie die jedes anderen Lebewesens auf diesem Planeten. Mein Bewusstsein fügt dem morphogenetischen Feld entweder die Information darüber, wie man sich effektiv selbst aufopfert oder wie man kleine Schritte in Richtung Selbstbestimmung geht, hinzu. Ich glaube, dass das morphogenetische Feld nun genug über ungesunde Selbstaufopferung weiß.

So tue uns bitte allen etwas Gutes, und übe mit mir, wie man sich liebevoll und im Einklang mit anderen um sich selbst kümmert, ja?

Ich danke dir von Herzen, dass ich dich mit diesem Buch ein Stück begleiten und berühren durfte, dir vielleicht sogar Mut gemacht und zu deiner Lebensfreude beigetragen habe. Es war mir eine Ehre, und ich danke dir für dein Vertrauen.

Friede deinem Weg
Susanne

Über die Autorin

Susanne Hühn wurde 1965 in Heidelberg geboren. Schon mit fünf Jahren beschloss sie, Masseurin zu werden. Nach dem Abitur besuchte sie eine Schule für Physiotherapie, machte 1986 ihr Staatsexamen und arbeitete danach als Krankengymnastin.

Der Zusammenhang zwischen dem Denken und Fühlen und dem körperlichen Symptom, das ihre Patienten jeweils zeigten, interessierte Susanne Hühn besonders, und so absolvierte sie Ausbildungen und Seminare zum Thema ganzheitliche Medizin. Mit 28 Jahren ließ sie sich zur psychologischen Beraterin ausbilden. Aufgrund eigener Themen kam sie auch in Kontakt mit spirituellen Therapieformen wie Kinesiologie und Reinkarnationstherapie nach Rhea Powers.

Parallel zu ihrer Tätigkeit als Physiotherapeutin begann Anfang der Neunzigerjahre Susanne Hühns Weg als spirituelle Lebensberaterin und Meditationslehrerin. Zudem fing sie 1992 an zu schreiben. Nach wie vor faszinierte sie der Zusammenhang zwischen Körper, Geist und Seele, und so begab sie sich auf ihre eigene Forschungsreise. Ihr erstes spirituelles Selbsthilfebuch entstand 1999 und wurde im Schirner Verlag veröffentlicht. Im Jahr 2005 beendete Susanne Hühn ihre Tätigkeit als Physiotherapeutin. Seither widmet sie sich ganz der Lebensberatung und dem Schreiben von Büchern, Artikeln und Geschichten.

www.susannehuehn.de

Ebenfalls von Susanne Hühn erschienen im Schirner Verlag

Susanne Hühn
Ich lasse DEINES bei dir
Co-Abhängigkeit erkennen und lösen

232 Seiten
ISBN: 978-3-8434-0870-7

Das Buch richtet sich an diejenigen Menschen, die sich mit spirituellen Themen befassen und gern für andere da sind, sich aber nicht abgrenzen können. Dies betrifft sowohl Therapeuten und Heiler als auch alle anderen, die sich viel für ihre Mitmenschen einsetzen, sich aber nicht oder nicht genug um sich selbst kümmern und ihre Grenzen nicht (an-) erkennen.
Susanne Hühn erläutert liebevoll, was zu tun ist, wenn man das Erreichen dieser Grenzen spürt, und sie erklärt den Unterschied zwischen echter Hilfe und Co-Abhängigkeit. Es geht nicht darum, sich egoistisch abzugrenzen, sondern darum, anderen weiterhin helfen zu können, aber die Grenze zwischen Kontrolle und Fürsorge zu finden und sie auch einzuhalten.